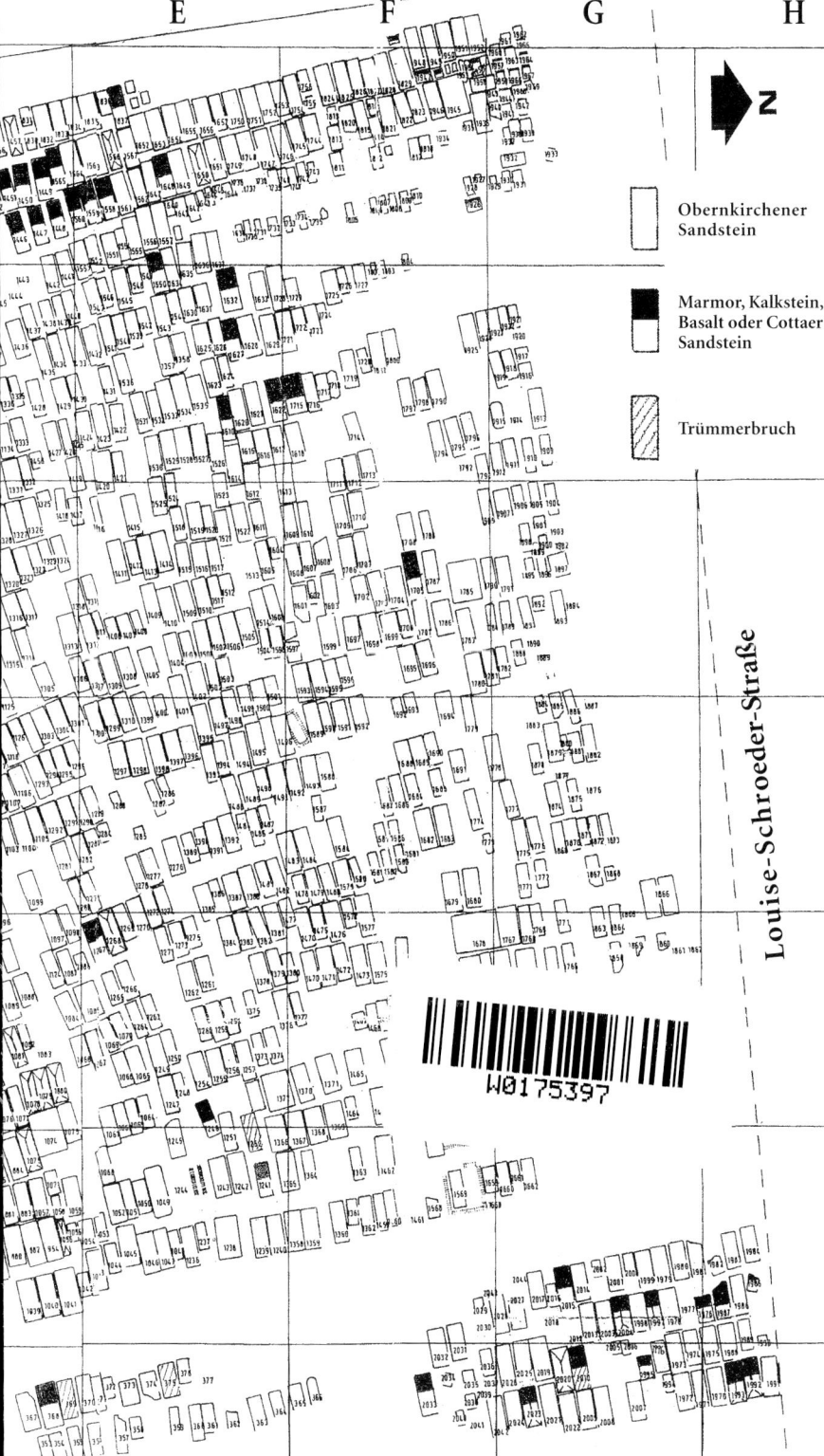

E   F   G   H

N

Obernkirchener
Sandstein

Marmor, Kalkstein,
Basalt oder Cottaer
Sandstein

Trümmerbruch

Louise-Schroeder-Straße

Abb. 1 | Der hebräisch-spanische Gedenkstein *vom Friedhof Königstraße steht seit fast 100 Jahren auf dem Neuen Portugiesenfriedhof an der Ilandkoppel in Hamburg-Ohlsdorf. Eine Kopie des Steins soll an seinem ursprünglichen Platz wieder aufgestellt werden.*

Michael Studemund-Halévy | Gaby Zürn

Zerstört die Erinnerung nicht. Der Jüdische Friedhof Königstrasse in Hamburg

Dölling und Galitz Verlag

Den ehemaligen Mitgliedern der Hamburger Jüdischen Gemeinde in
Dankbarkeit für ihre Forschungen zur Geschichte der Hamburger Juden gewidmet.

Dr. h.c. Baruch Ophir
Zev Walter Gotthold
Abraham Seligmann
Eduard Duckesz

Mit freundlicher Unterstützung der Stiftung Denkmalpflege
und der Hermann Reemtsma Stiftung

Bibliografische Information Der Deutschen Nationalbibliothek
Die Deutsche Nationalbibliothek verzeichnet diese Publikation in
der Deutschen Nationalbibliografie; detaillierte bibliografische
Daten sind im Internet über http://dnb.d-nb.de abrufbar.

Impressum

© Copyright 2002 Dölling und Galitz Verlag GmbH München · Hamburg
Schwanthalerstraße 79, 80336 München, Tel. 089 / 23 23 09 66
Friedensallee 26, 22765 Hamburg, Tel. 040 / 389 35 15
Umschlagabbildung vorne: Friedhof Königstraße, aschkenasischer Teil,
Aufnahme um 2002; hinten: biblische Darstellung auf einem sefardischen Grabstein
Gestaltung und Herstellung: Sabine Niemann
Druck: Hubert & Co., Göttingen
3. verbesserte und erweiterte Auflage 2010
Bestandteil dieser Auflage ist ein Plan des Friedhofs Königstraße von Katrin Lesser, Berlin,
auf der Grundlage der Bestandsaufnahme von Bert Sommer, Duisburg
(© Stiftung Denkmalpflege Hamburg)
ISBN 978-3-937904-05-4

INHALT

ABB. 2 | ISAAK, AUF DEM FELDE BETEND.

Grabstein des Isaak Machorro, gest. 1731.

Der jüdische Friedhof an der Königstraße in Hamburg-Altona ist mehr als nur eine Ruhestätte. Nicht nur, weil im Judentum ein Friedhof auch »Haus des Lebens« genannt wird, in dem die Toten auf ewige Zeiten beerdigt werden und die Gräber unantastbar sind, sondern auch deshalb, weil er einer der bedeutendsten jüdischen Friedhöfe in der Welt und zugleich ein herausragendes Kulturerbe ist.

Sefardische Juden, die Ende des 16. Jahrhunderts von der Iberischen Halbinsel nach Altona und Hamburg einwanderten und aschkenasische, deutsche und aus Osteuropa eingewanderte Juden, haben hier ihre letzte Ruhestätte gefunden. Ihre unterschiedliche Grabsteinkultur ist ein einzigartiges Erbe und ist nicht nur ein Zeugnis jüdischer Tradition und Werte, sondern zeugt auch von der Verbundenheit und dem Einsatz für ihr blühendes Gemeinwohl in Altona und Hamburg.

Den beiden Autoren, Michael Studemund-Halévy und Gaby Zürn, ist es zu verdanken, dass sie mit dem vorliegenden Buch über den Friedhof in der Königstraße an die glanzvolle Geschichte der Juden im Hamburger Raum und an die so unterschiedliche Geschichte und Kultur der Hamburger Juden – die aschkenasische und die sefardische – erinnern. Dank gilt jetzt aber besonders mehreren Stiftungen, der Hermann Hinrich Reemtsma-Stiftung, der Zeit-Stiftung Ebelin und Gerd Bucerius, der Deutschen Bundesstiftung Umwelt und der Stiftung Denkmalpflege Hamburg, die zusammen mit der Freien und Hansestadt Hamburg dafür Sorge tragen, dass der jüdische Friedhof Königstraße nun wissenschaftlich erforscht und modellhaft restauriert werden kann.

Ich wünschte, dass der jüdische Friedhof an der Königstraße Aufnahme in das UNESCO-Weltkulturerbe fände, damit künftige Generationen lernen und verstehen, was Erinnern bedeutet.

Gabriela Fenyes
Jüdische Gemeinde in Hamburg

*»Zerstöret das Letzte
die Erinnerung nicht«*
W. G. Sebald, »Die Ausgewanderten«

*»Es sind die Toten,
die die Lebenden verdienen.«*
Baba Batra 117a

Vorbemerkung

Die Geschichte der Juden ist immer auch die Geschichte ihrer
Friedhöfe. Jüdische Friedhöfe und ihre Grabdenkmale sind oft die
einzigen sichtbaren und zugänglichen Zeugen einstigen jüdischen
Lebens, bewahren sie doch als steingewordenes Archiv vergangenes
Leben für die Nachgeborenen auf. Wie kein anderer der zahlreichen
erhaltenen historischen jüdischen Friedhöfe im Hamburger Raum
ist gerade der Betahaim (»Haus des Lebens«) an der Königstraße
geeignet, die wechselvolle Geschichte der jüdischen Gemeinden der
Hansestadt aufzuzeigen, ihre Größe und ihre weit über Hamburg
reichende Bedeutung. Vor allem aber auch ihre Heterogenität, denn
dieser Friedhof ist nicht nur der älteste jüdische Friedhof der Stadt,
sondern mit seinem (kleineren) sefardischen Teil auch der älteste
Portugiesenfriedhof in Nordeuropa. Der künstlerische, epigraphi-
sche und biographische Reichtum der Grabinschriften umspannt
mehr als 350 Jahre, in denen die Hamburger und Altonaer Juden
einen guten Ruf in der Stadt und in der jüdischen Welt erlangten.
Die Namen der hier Begrabenen, die sich Verdienste um die jüdische Gemeinschaft und um die Stadt erwarben, sind heute aus dem
Gedächtnis der Stadt verschwunden, ihre Schriften und sonstigen
Leistungen oft verschollen oder schwer zugänglich. Möge diese
kleine Schrift also beitragen, die Erinnerung an die Hamburger
Juden wach zu halten. Ihnen, vor allem ihnen, ist dieser kleine Band
gewidmet.

ABB. 3 | FRIEDHOF KÖNIGSTRASSE (PORTUGIESISCHER TEIL) *Der üppige Baumbestand zerstörte in der Vergangenheit zahlreiche wertvolle Grabsteine.*

Die Durchsicht der Literatur zum Jüdischen Friedhof Königstraße zeigt einen uneinheitlichen und unbefriedigenden Forschungsstand. Dies gilt vor allem für den aschkenasischen Teil, dem bisher leider bis heute wenig Aufmerksamkeit geschenkt wurde. Verfügen wir in den Arbeiten von Max Grunwald (1902), Alfonso Cassuto (1927–1933) und Michael Studemund-Halévy (2000–2004) über umfangreiche Forschungsergebnisse zum sefardischen Teil des Friedhofes, so steht die Erforschung des vielfach größeren aschkenasischen Teils immer noch aus, über den jedoch durch zahlreiche Arbeiten von Gaby Zürn erste Forschungsergebnisse vorliegen (2001). Dass diese Lücke in den nächsten Jahren endlich geschlossen werden kann, verdanken wir der Kulturbehörde Hamburg, dem Amt für Denkmalschutz, der Stiftung Denkmalpflege sowie zahlreichen Stiftungen, die Prof. Dr. Michael Brocke und sein Team vom Duisburger Salomon-Steinheim-Institut mit der Erforschung dieses Teils beauftragt haben.

Unser Dank gilt den zahlreichen Kollegen und Freunden, die die Arbeit mit guten Ratschlägen und praktischer Hilfe unterstützt und begleitet haben. Hier möchten wir uns vor allem bei Gabriela Fenyes, Gabriele Schäfer und Miriam Solomon von der Jüdischen Gemeinde Hamburg bedanken sowie bei Prof. Dr. Ina Lorenz, Prof. Dr. Monika Richarz und Dr. Stefanie Schüler-Springorum vom Institut für die Geschichte der deutschen Juden. Ein besonderer Dank gilt Prof. Dr. Volker Plagemann von der Stiftung Denkmalpflege, der den Anstoß zu dieser Veröffentlichung gab und ihre großzügige Finanzierung ermöglichte. Jürgen Sielemann vom Hamburger Staatsarchiv sei einmal mehr gedankt für seine Bemühungen, die Autoren auf wichtige Archivalien aufmerksam gemacht zu haben.

Die Autoren haben viel von den Fragen gelernt, die ihnen von den Besuchern bei ihren Führungen auf den jüdischen Friedhöfen Hamburgs gestellt wurden. Mögen diese in unserem Buch Antworten auch auf Fragen finden, die ihnen bei den Führungen nicht gegeben werden konnten.

Mögen die Seelen der auf dem Betahaim Königstraße Bestatteten eingebunden sein in das Bündel des Lebens. Suas Almas Gozem Da Eterna Gloria!

Michael Studemund-Halévy und Gaby Zürn
Hamburg, im Sommer 2002

Vorbemerkung zur dritten Auflage

Die Autoren möchten ihren Kollegen und Freunden Prof. Dr. Michael Brocke, Dan Bondy, Nathanja Hüttenmeister, Katrin Lesser, Lina Nikou und Dr. Bert Sommer für die Hilfe und Ratschläge danken, mit denen sie das Buch bis in die dritte Auflage begleitet haben. Ein besonderer Dank gilt der Restauratorin Regina Schwarzburg, deren ansteckende Begeisterung für den Friedhof Königstraße immer wieder Wege finden ließ, Schwierigkeiten aus dem Weg zu räumen. Dass so rasch nach dem Abschluss der Forschungsarbeiten auf dem Friedhof eine dritte Auflage unseres Buch erscheinen konnte, verdanken die Autoren auch diesmal der großzügigen Finanzierung der Stiftung Denkmalpflege und dem unermüdlichen Einsatz ihrer Geschäftsführerin Irina von Jagow.

Michael Studemund-Halévy
Hamburg, im Frühjahr 2010

Michael Studemund-Halévy | Gaby Zürn

Geschichte des Jüdischen Friedhofs Königstrasse

»Wie ein Gotteslied, aus Stein geboren ...«

Mit diesen Worten begann Martin Sternschein 1935 sein Gedicht über den Jüdischen Friedhof an der Königstraße in Altona. Tatsächlich handelt es sich bei dem heutzutage nach seinem topographischen Erscheinungsbild so bezeichneten jüdischen Friedhof um zwei in der Zeit ihrer aktiven Nutzung (1611–1869) räumlich benachbarte, aber doch voneinander getrennte eigenständige Einzelfriedhöfe: den 1611 eingerichteten Friedhof der portugiesischen bzw. sefardischen und den 1616 in Nutzung genommenen Friedhof der aschkenasischen bzw. deutschen Juden. In der Reihe der insgesamt fünf historischen jüdischen Friedhöfe im Wirkungsbereich der sefardischen und aschkenasischen Gemeinden in Altona, Hamburg und Wandsbek ist der Friedhof an der Königstraße der älteste und – trotz der Zerstörungen unter der NS-Herrschaft – der am besten erhaltene (Abb. 4 und 7).

Mit seinen ursprünglich über 8.500 Gräbern ist der älteste Friedhof Hamburgs und Altonas heute ein steingewordenes Archiv der Hamburger und Altonaer Juden. Mit seinen hebräischen, portugiesischen und spanischen Grabinschriften stellt er ein bedeutendes historisches und kulturhistorisches Denkmal jüdischer Personen sowie der Migrationsgeschichte, Religions- und Mentalitätsgeschichte,

Literaturgeschichte (Epigraphik) und Kunstgeschichte (Grabmal-kunst) dar und gilt somit für viele zu Recht als das bedeutendste Gesamtdenkmal zur Geschichte der Juden im Hamburger Raum. In seiner topographischen Geschichte, den Lebensgeschichten der dort Bestatteten und der häufig spannungsreichen Geschichte der mit ihm verbundenen Gemeinden spiegelt sich in der Friedhofsge-schichte der Kosmos von jüdischem Leben und Sterben bis ins 20. Jahrhundert hinein. Umgekehrt kann der Umgang der christlichen Mehrheitsgesellschaft mit den Begräbnisstätten der mit ihr leben-den religiösen Minderheiten, der sefardischen und der aschkenasi-schen, auch als Gradmesser für Respekt und Toleranz gelten.

Friedhof und Religion

Der Erwerb eines Grundstücks für einen Friedhof gehört zu den ersten Anliegen einer neuen Gemeinde. Die religiöse und soziale Bedeutung eines jüdischen Friedhofs leitet sich aus dem jüdischen Glauben und dem darauf beruhenden jüdischen Recht ab. Ehre, Würde und Ruhe des Toten stellen übergeordnete und leitende Prinzipien des Gemeindelebens dar, die tief im religiösen Glauben des Judentums verwurzelt sind und die jede jüdische Gemeinschaft prägen. Die Beerdigung der Toten nach den Vorschriften der Ha-lakha (הלכה) – mit diesem Begriff bezeichnet man das gesamte System der talmudischen und nachtalmudischen Gesetzgebung – führte schon im Mittelalter zur Anlage jüdischer Friedhöfe.

Die hebräische Sprache benützt verschiedene Ausdrücke, um das Wort »Friedhof« zu umschreiben. Das Buch Prediger spricht von einem Bet Olam (בית עולם) oder einem »Ewigen Haus«, in das der Mensch am Ende seiner Tage geht (Prediger 12, 5). Weitere Begriffe, die in den jüdischen Sprachen zu allen Zeiten geläufig waren und noch immer sind, sind »Bet Hahayyim« (judenportugiesisch »Beta-haim«) oder »Haus des Lebens / Haus der Lebenden« und »der gute Ort« – alles Begriffe, um zum einen das Wort Tod nicht verwenden zu müssen, zum andern aber auch, um die Vorstellung von einem »ewigen Leben« zu unterstreichen.

Grundlegend für den jüdischen Umgang mit dem Tod ist der Glaube an die leibliche Auferstehung und die Unsterblichkeit der Seele. Der Tod wird als eine vorübergehende Trennung von Leib und Seele verstanden, die in der Auferstehung wieder zusammengeführt werden würden. Damit kommt der Grabstelle und der Totenruhe, die bis zum Jüngsten Tag und bis zur Auferstehung bewahrt bleiben muss, eine zentrale religiöse Bedeutung zu. | Die im Talmud festgehaltenen Rechte des Einzelgrabes wurden seit dem 10. Jahrhundert auf den Gemeindefriedhof übertragen. Der Erwerb eines Grabes ist ein besitzrechtlicher Akt, durch den das erworbene Stück Land nur für die Beisetzung des verstorbenen Besitzers genutzt werden darf. In der Regel darf das Grab weder veräußert werden, noch darf ein anderer als der Käufer in ihm beigesetzt werden. Und weil nach einem rabbinischen Diktum alles, das dem Toten gehört, nicht für den Genuss der Lebenden bestimmt ist, sind auf jüdischen Friedhöfen weder fruchttragende Bäume noch Blumen erlaubt. Die Auflassung eines Friedhofs oder eine Neubelebung von Gräbern sind somit unvorstellbar. Weil jüdische Friedhöfe für die Ewigkeit bestimmt sind, jedes Grab nur einmal belegt werden darf und der Abstand zwischen den Gräbern genau vorgeschrieben ist, stehen jüdische Gemeinden immer wieder vor dem Problem, Erweiterungsgrundstücke oder Gelände für einen neuen Friedhof erwerben zu müssen. | In der Glaubenswelt der Juden bleibt die als unsterblich begriffene Seele eines Menschen immer eng mit dem Ort verbunden, an dem seine sterblichen Überreste ruhen. Der Körper lebt nach dem Tod in seinem Grab in gewisser Weise weiter und empfängt dort seine leibliche Strafe. Verwesung und Wurmfraß werden daher als zusätzliche Leibesstrafen verstanden. Die körperliche Unversehrtheit im Grab wird als Voraussetzung für die leibliche Auferstehung angesehen, insbesondere da eine »physisch-materielle Identität« bis zu elementaren Details zwischen den Beerdigten und den Auferstandenen angenommen wird (Letztere sollten die Verwesung in einem kleinen

Knöchelchen überdauern). Die Seele kann schließlich erst dann in das Paradies aufsteigen, wenn dem Körper seine irdische Ruhestätte gewährt worden war. Der mittelalterlichen, mystisch beeinflussten Totenliteratur folgend, bleibt im Körper auch eine »elementare Seele«, die in dauerndem Kontakt mit den von ihr getrennten Seelenteilchen in den verschiedenen himmlischen Stufen steht. Leib und Seele bleiben über den Tod hinaus in Kontakt. Der Tod stellt in dieser Vorstellung also eher eine Statusveränderung dar als eine völlige Auslöschung der individuellen Existenz. Damit können die Toten auch ihren Bindungen aus dem Leben treu bleiben. Der beerdigte Leib und das Grab vertreten in dieser Konzeption die physische Präsenz des Menschen. Die Toten haben danach den Wunsch, in der Gemeinschaft der Lebenden zu sein, d.h. in ihrer Gemeinde.

Die Beziehung zwischen den Lebenden und den Toten ist also wechselseitiger Natur. So dienen nicht nur die Lebenden den Toten, indem sie ihnen ein würdiges Begräbnis bereiten. Die Toten können in dieser Glaubenswelt auch für die Lebenden aktiv werden, etwa indem sie ihnen für erlittenes Unrecht Verzeihung gewähren. Die Toten werden auch als die idealen Übermittler der Gebete der Lebenden zu Gott angesehen. So geht man an hohen Feiertagen zu den Gräbern von Verwandten oder angesehenen Menschen und bittet sie um Fürsprache vor Gott. |

Die Würde des Friedhofs muss unter allen Umständen gewahrt werden, ohne dass dies zu einem Totenkult führt. Gottesdienstliche Handlungen sind nur erlaubt, wenn sie für das Bestatten und das Gedenken der Toten notwendig sind. Der im 16. Jahrhundert entstandene vierteilige Gesetzeskodex Shulkhan Arukh (»gedeckter Tisch«) begründet dies damit, dass »die Toten nicht beschämt werden, die nun diese Religionspflichten nicht mehr ausüben können«. Trotz all dieser Maßnahmen ist ein jüdischer Friedhof kein im religiösen Sinn »geweihter Boden«, sondern ein Ort, den man mit Respekt und Würde zu betreten und zu achten hat.

Am 31. Mai 1611 erwarben die portugiesischen Juden Andre Falero, Ruy Fernandes Cardoso und Álvaro Dinis für die Hamburger (privaten) Synagogengemeinden Talmud Tora, Keter Tora und Neve Salom vom Grafen Ernst III. von Holstein-Schaumburg und Sterneberg in dem bei Hamburg gelegenen Altona ein Stück Land auf dem »Heuberg«, damit »die portugiesische Nation ihre Verstorbenen dahin ohne einiger unser oder der Unsrigen Nachfrage zur Erde bestattigen und mit den bei ihnen üblichen hergebrachten Ceremonien doch ohne einig Clingen oder Singen begraben mögen«. Und weiter wurde ihnen zugesichert, ihre Toten unter dem Schutz des Landesherren nach ihrem Ritus beisetzen zu können. Spätere Geländekäufe zur Erweiterung des Friedhofes wurden in die Privilegien eingeschlossen und das Anrecht auf den Friedhof erneut bestätigt.

Im Kaufjahr 1611 werden insgesamt nur drei Portugiesen beigesetzt. Als erster findet der wohl zunächst provisorisch an anderer Stelle bestattete Abraham Zuarte, gest. 14. Iyar 5371 / 27.4.1611, auf dem Friedhof am Heuberg seine letzte Ruhe. Ihm folgen Jacob Namias, gest. 8. Tamuz 5371 / 19.6.1611, und Elisha Daniel Namias, gest. 16. Tishri 5372 / 23.9.1611. Immer wieder muss es in der Anfangszeit wohl zu Umbettungen gekommen sein. So vermerkt z.B. die Inschrift auf dem Grabstein des 1599 verstorbenen Selomo Jachia, dass er 5375 (1614 – 1615) umgebettet wurde. Ein Gedenkstein erinnert an die Überführung von Knochen von einem anderen Friedhof.

Ganz einfach und selbstverständlich ist es wohl aber nicht gewesen, die nach dem Religionsgesetz unabdingbaren Voraussetzungen für einen jüdischen Friedhof zu erreichen, nämlich erbeigentümlichen Besitz und das in der Halakha vorgeschriebene Recht auf ewige Totenruhe. So setzte sich im Jahre 1666 Josua Abensur als Unterhändler der Hamburger Portugiesen in Kopenhagen für den Friedhof ein, da der Wortlaut der Friedhofsprivilegien nicht eindeutig sei und Anlass für Streit biete. Vier Jahre später musste dann der Kauf eines von der Gemeinde zur Friedhofserweiterung vorgesehenen Geländes durchgesetzt werden. Und weil nicht nur die dänische Regierung in Kopenhagen über die Friedhofsangelegenheiten der Juden in Altona zu entscheiden hatte, überreichten die Portugiesen dem Vertreter des dänischen Königs in Altona 1666 einen wertvollen Silberbecher, um den Beamten gewogen zu halten.

Zwischen 1627 und 1653 nutzten die Sefarden in Hamburg ein auf den Kohlhöfen / Thielbeck gelegenes Grundstück der St. Nikolaikirche, den so genannten St. Marcusplatz, als einen weiteren, kleineren innerstädtischen Friedhof (Bet Haym del dentro). Dafür zahlten die Portugiesen der christlichen Gemeinde einen Betrag von 40 Mark für jede Beerdigung. Nach dem Zusammenschluss der drei Gemeinden zur Gesamtgemeinde Kahal Kados Bet Israel (Heilige Gemeinde Haus Israel) im Jahre 1652 forderte der Ma'amad (Vorstand) die Gemeindemitglieder auf, die Kosten für die Exhumierungen zu tragen. Sofern sie allerdings dazu nicht imstande wären, wollte die Gemeinde die Finanzierung übernehmen. Am 1. Adar 5414 erließ der Vorstand folgende Bekanntmachung:

»Die Herren Semuel Namias und Aron Senior sollen neben dem Betahaim noch mehr Land ankaufen. Es wurde befohlen, zum zweiten Male bekannt zu machen, dass sich diejenigen melden sollen, welche auf dem Binnenfriedhof Angehörige liegen haben, damit diese Leichen auf Befehl des Kollegiums exhumiert werden.«

An diese kollektive Überführung auf den Friedhof auf dem »Heuberg« im Jahre 1654 erinnert noch heute eine pflockartige Stele (»Grab von verschiedenen Knochen, die vom alten Friedhof aus Hamburg im Sivan 5414 überführt wurden«).

Da das Geld für den Erwerb zur Vergrößerung des Friedhofs, seinen Erhalt und die damit verbundenen Ausgaben fehlte, beschloss der Gemeindevorstand 1656, dass zukünftig jedes neu zuziehende Gemeindemitglied ohne Ausnahme zu »den für das Bethaim gemachten Ausgaben und Aufwendungen beisteuern« sollte. Dies sollte in Form einer einmaligen, als »geheiligt« bezeichneten Abgabe erfolgen, deren Höhe dem Ermessen des Gemeindevorstands überlassen blieb.

1672 erwarben im Auftrag der Gemeinde Dr. Baruch Namias de Castro (Abb. 58), Isaac Nunes Henriques (Abb. 43), George Abas

Ist wie ein Gotteslied, aus Stein geboren,
Im Straßenlärm versunken und verloren.
Noch hallt im Ohr das Rattern Dir der Wagen,
Noch hörst das Herz der aufgewühlten Stadt Du schlagen
Und schon stehst Du in stummer Gräber Reih'n,
Traumtief verschattet, weltfern, allein.
Ein Friedhof, eingehegt von alten Mauern,
Lässt die erstaunte Seele tief erschauern.
Ein Judenort, jahrhundertelang geweiht,
Enrückt Dich jenseits über Raum und Zeit.
Aus sanfter Luft strömt Frieden, Gottesruh',
Deckt zwischen Tod und Leben Dir die Grenzen zu,
Führt Dich hinweg auf eines Traumes Nachen,
Um alter Zeit Erinn'rung zu entfachen.
Und jeder Stein tut auf vor Dir den Mund,
Gibt hoher Ahnen hehre Größe kund.
Lebendig wird ihr Hoffen und ihr Sehnen,
Des Judenleides nie versiegte Tränen.
Dein leiser Schritt verharrt, ihn hemmt Besinnen,
Ihr Blut fühlst Du in Deinen Adern rinnen,
Und in der Bäume Rauschen zieht ein Lied
Von Kraft und Stolz des Einst durch Dein Gemüt ...
Du musst zurück! Da draußen ruft das Leben
Aus Träumen Dich zu neuem Kampf und Streben.
Es tönt und gellt und stampft die nimmermüde Erde,
Du aber spürst im Licht: das Stirb und Werde!

und Selomo Curiel ein weiteres Stück Land. Zwei Jahre später erwarb David Abendana Mendes ein relativ kleines Erweiterungsgrundstück hinzu. Da die den Portugiesen bestimmte Größe des Friedhofs ausreichte, kam es bis zur Schließung zu keinem weiteren Grundstückskauf.

ABB. 4 | Friedhof Königstrasse nach dem Bombenangriff /
Aufnahme (Montage) aus dem Jahr 1943

*Die Geschichte der Hamburger und Altonaer Juden ist zugleich
die Geschichte ihrer Friedhöfe. Die Geschichte ihres ältesten
jüdischen Friedhofs ist geprägt von religionsgesetzlichen Vorschriften und Traditionen, von gemeindeinternen Entwicklungen
und von dem ständigen Ringen der jüdischen Gemeinschaft mit
der nichtjüdischen Umgebung um die Bewahrung ihrer müh-
sam erworbenen Privilegien und Rechte. Die Bombenangriffe
von 1943 – 1945 sowie die Barbarei und die Zerstörungswut der
Nationalsozialisten haben den Jüdischen Friedhof stark in Mit-
leidenschaft gezogen. Die vorhandenen Fotodokumente zeigen
jedoch, dass unwiederbringliche Schäden in dem Grabstein-
Bestand erst weit nach dem Krieg entstanden sind, zuletzt 1992.*

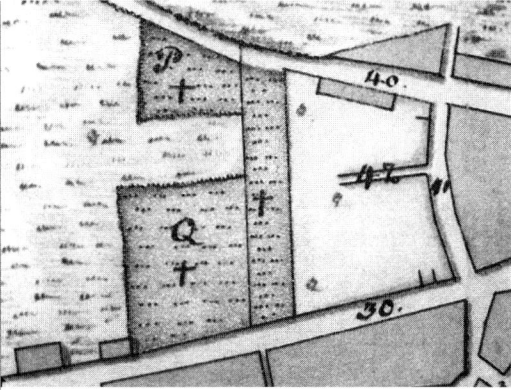

Foto: Jens Kroglund

Abb. 5 | *Auf dem »Geometri-*
schen Grundriss der Stadt
Altona« (1736 – 1737) nimmt
der Portugiesenfriedhof (Q)
eine bis heute erkennbare
fast quadratische Fläche ein,
während der deutsch-jüdische
Friedhof nur auf einem schma-
len Streifen von Süd nach Nord
lag sowie auf einem kleinen
Abschnitt in Form eines Tra-
pezes nordwestlich, unweit
der Großen Bergstraße (P).
[Lesser 2009]

Weil Nichtlutheraner keine eigenen Friedhöfe in der Stadt besitzen durften, konnten die in Hamburg lebenden Katholiken ihre Toten zunächst nur im benachbarten Altona bestatten. Die portugiesischen Juden, die offiziell als Katholiken galten, denen aber Neigung zum Judentum nachgesagt wurde, konnten ihre Toten erst in Hamburg bestatten, nachdem Geistlichkeit und Rat am 31. August 1602 zugestimmt hatten, den Calvinisten und Katholiken nicht in den Hauptkirchen, sondern allenfalls in der Maria-Magdalenenkirche, der St. Johanniskirche und der Gertrudenkirche bzw. auf deren Friedhöfen Beerdigungen zu gestatten. Weil der Arzt Rodrigo de Castro alias David Namias (Abb. 60) lange Zeit als Katholik angesehen wurde, wurde seine Frau Catarina Rodriguez alias Ribca Namias 1602 auf dem Friedhof der Maria-Magdalenen-Kirche bestattet, was die Vorsteher zunächst abgelehnt hatten, weil Frau de Castro »des Jodendohmes beschuldiget« worden sei. Ihre Bestattung wurde dann auf Anordnung des Rates doch »by Nacht Tyd« dort vorgenommen. Der »Erdebrief« über den Erwerb eines Familienbegräbnisses gestand dem Arzt nämlich zu, seine Toten, wenn erforderlich, auch bei Nacht beizusetzen. 1604 erwarb de Castro »vor sick und syne Kindere« sowie für seine verstorbene Frau und seine Schwiegermutter einen Begräbnisplatz in der Maria-Magdalenen-Kirche. Die empörten Lutheraner verlangten nun lautstark, die Grabstelle aufzukündigen sowie diese Stätte, wo Feinde Christi begraben seien, aufzuräumen und zu reinigen, andernfalls wollten sie »solches up allen Canzelen öffentlich strafen«. Bei der Verbreiterung der Königstraße im Jahre 1902 werden die Gebeine seiner Frau später exhumiert und ins Innere des Friedhofs gebracht. Daran erinnert die Grabinschrift: »Hier sind beerdigt die Knochen der Frau Ribca Namias, Ehefrau des Dr. David Namias«.

Der Erwerb eines Friedhofsgeländes »auf Ewigkeit« war der antijüdischen lutherischen Orthodoxie natürlich ein Dorn im Auge. Bereits im Kaufvertrag von 1611 wurde daher die Einschränkung gemacht, dass Beerdigungen ohne »Singen und Clingen«, also un-

ABB. 6 | *Das ehemalige Eingangstor zum Portugiesenfriedhof in Richtung Blücherstraße (1936) und zwei wappengeschmückte Zeltgräber für Abraham und Sara Senior Teixeira (s. Epitaph S. 145).*

auffällig, stattzufinden hätten. Diese Anordnung, wie auch der Erlass, dass an Sonntagen und Landesfeiertagen Beisetzungen der Juden vor zehn Uhr morgens erfolgen mussten, das heißt vor dem Kirchgang der christlichen Umgebung, war wohl der antijüdischen Haltung der lutherischen Geistlichkeit geschuldet. Ebenfalls untersagt waren Kutschfahrten zum Friedhof an christlichen Feiertagen. Diese Einschränkung war insofern von besonderer Bedeutung, da für den Fall, dass es nicht möglich sein sollte, die vorgegebene Zeit einzuhalten, die Bestattung erst am folgenden Tag erfolgen konnte. Zu jener Zeit war es jedoch üblich, und dies galt als religionsgesetzliche Vorschrift, einen Verstorbenen wenige Stunden nach seinem Ableben beizusetzen. In diesem Zusammenhang ist auch ein Vorfall zu sehen, der sich 1666 bei der Beisetzung von Diogo alias Abraham Senior Teixeira (Abb. 6) ereignete. Auf dem Weg zum Friedhof wie auch auf dem Heimweg wurden die Trauergäste angegriffen. Der Pöbel misshandelte und beschimpfte die Trauergäste, ging gewaltsam gegen die Kutschen vor und bewarf die darin befindlichen Personen mit Schneebällen und Schmutz.

*Das Verhältnis der weltläufigen und weltlich gebildeten por-
tugiesischen Großkaufleute, der Senhores (Herren), zu den
traditionell-jüdisch gebildeten aschkenasischen Juden, den
Tudescos, die im Kleinhandel und in der Pfandleihe ihr Aus-
kommen finden, ist bestimmt durch Misstrauen und offene
Ablehnung. Fühlen sich die Portugiesen durch Geburt und
Bildung als Angehörige einer Elite und damit aufgefordert,
die wirtschaftlichen Geschicke ihrer Stadt zu beeinflussen,
sind sie somit auch gehalten, auf die Kritik der Christen
zu reagieren. Die deutschen Juden jedoch, die vor allem in
wirtschaftlicher Hinsicht eine untergeordnete Rolle spielen,
reagieren auf die von den Christen vorgebrachte Kritik eher
unbeeindruckt. | Weil die Sorge der Portugiesen nicht unbe-
gründet ist, immer wieder mit den in ihren Augen nicht eben-
bürtigen deutschen Juden in Verbindung gebracht zu werden,
regeln und reglementieren sie ihr Verhältnis zu ihnen auf
wenig freundliche Art und Weise. So legt der Vorstand zum
Beispiel fest, dass ein portugiesischer Schächter nicht für die
Tudescos schächten darf und es den Tudescos nicht erlaubt ist,
in Hamburg die Gemeindeschule zu besuchen, ein Verbot, das
jedoch gelegentlich gelockert wird. Ihre Ablehnung erstreckt
sich auch auf den Besuch der Synagoge, denn sie legen fest,
dass mit »Rücksicht auf die beschränkten Raumverhältnisse
nur die Tudescos die Synagoge ständig besuchen dürfen,
welche bei den Portugiesen angestellt« sind. In einigen Fällen
sind sie aber auch bereit, sich für die Belange der Tudescos
einzusetzen. Um den Zuzug der meist mittellosen Tudescos
besser kontrollieren zu können, ernennt der Vorstand drei
deutsche Juden, denen die Aschkenasim bedingungslos zu
gehorchen haben. Als sich immer mehr Tudescos in Hamburg
und Altona niederlassen, schließen die Hamburger Portugiesen und die Altonaer Ashkenazim 1664 ein weit reichendes*

Abkommen, dass bei »Strafe des Herem kein deutscher oder
polnischer Jude sich hierorts niederlassen dürfe, ohne zu-
nächst von unserem Vorstande und dem ihrigen zugelassen zu
sein«. Großzügiger verfahren die Portugiesen nur mit jenen
Tudescos, die sich nur kurzfristig in der Stadt aufhalten. So
lassen sie zum Beispiel den aschkenasischen Gemeinden in
Altona und Wandsbek einen Teil der von den Mitgliedern
der sefardischen Gemeinde freiwillig gelobten Spendengelder
zukommen. |

DEUTSCHE JUDEN

Während die Portugiesen bereits seit 1612 ein Aufenthaltsrecht in
Hamburg besaßen, war es den hochdeutschen Juden nur im Hamburger Umland erlaubt, Gemeinden zu gründen. Zu den wenigen
seit 1606 in Hamburg ansässigen aschkenasischen Juden kamen
(gräflich-schauenburgische) Altonaer Schutzjuden, mindestens
siebzehn Familien, die in den Jahren 1648 und 1649 jedoch aus
Hamburg ausgewiesen wurden. Ihre Bittschrift an den Rat im Jahre
1649, wieder ein Wohnrecht in Hamburg erlangen zu dürfen, wurde abgelehnt. Erst während des schwedisch-dänischen Krieges im
Jahr 1657 erhielten die Altonaer Schutzjuden das Recht, in Hamburg Schutz zu suchen. Etwa sechsunddreißig Altonaer Schutz-
judenfamilien ließen sich wenig später in Hamburg nieder. Zehn
Jahre später bemühten sich die Hamburger Ashkenazim, dem Altonaer Rabbinat unterstellt zu werden, was die Portugiesen mit dem
Argument ablehnten, der Obrigkeit für alle in Hamburg lebenden
Juden verantwortlich zu sein. Erst 1697 wurde den deutschen Juden
auch de jure ein offizielles Aufenthaltsrecht zugestanden, de facto
bildeten sie aber schon nach dem Schiedsspruch des Frankfurter
Oberrabbiners Aharon Samuel Koidonower vom 30. Juli 1669 eine
eigene Gemeinde, wenn auch mit gewichtigen Einschränkungen.

Im 17. Jahrhundert hatten sich in Altona, Hamburg, Wandsbek
also drei aschkenasische Gemeinden herausgebildet, wobei zwei

als Doppelgemeinden existierten, nämlich erstens die Altonaer Schutzjuden und ihre Filialgemeinde Altonaer Schutzjuden in Hamburg sowie zweitens die Wandsbeker Schutzjuden mit einer Filialgemeinde Wandsbeker Schutzjuden in Hamburg. Die dritte im Bunde des seit 1671 existierenden Dreigemeindeverbandes AHU (Altona–Hamburg–Wandsbek) war die Hamburger Gemeinde. Die Entwicklung der Altonaer Gemeinde als Doppelgemeinde hatte zwei Ursachen: erstens die günstigen Niederlassungsbedingungen in Altona und zweitens die besseren geschäftlichen Möglichkeiten in Hamburg. Die Niederlassungsbedingungen für Altona waren zunächst durch das Generalprivileg König Christians IV. von Dänemark definiert, in dem 1641 ausdrücklich auch das Recht auf freie Religionsausübung festgehalten war. Die in den Privilegien zugesicherte Religionsfreiheit umfasste aber nicht nur die Synagoge, sondern auch einen Rabbiner, den Schutz des Sabbats, die Genehmigung zum Schächten und die Erlaubnis, einen eigenen jüdischen Friedhof anzulegen und dort Tote auf »judische weiße« zu bestatten. Diese Privilegien sollten für die Zukunft die Basis darstellen, auf der sich die Altonaer Gemeinde und mit ihr die dem Dreigemeindeverband angehörenden Gemeinden entwickeln sollten.

Die Altonaer Hochdeutsche Judengemeinde

Die Altonaer Hochdeutsche Judengemeinde erwarb zwischen 1612 und 1616 in unmittelbarer Nachbarschaft des sefardischen Begräbnisplatzes ebenfalls ein Gelände, um ihre Toten zu begraben. Das genaue Datum dieses Erwerbs ist urkundlich nicht belegt, wurde der Gemeinde jedoch erst 1641 im Generalprivileg des dänischen Königs Christian IV. bestätigt, in dem es heißt: »daß sie eine synagoge halten, ihren Gottesdienst nach jüdischen ritibus darin üben, auch ihren kirchhoff, darein auf judische weise ihre toten zu begraben, halten mugen«. Die erste Beerdigung erfolgte dort im Jahr 1616. Die ältesten Gräber befinden sich auf dem Südteil des aschkenasischen Friedhofs, der unmittelbar an den Friedhof der

Sefarden angrenzt. Auf dem aschkenasischen Teil des Friedhofs setzten auch die in Hamburg ansässigen Altonaer Schutzjuden ihre Toten bei. Es war grundsätzlich unerheblich, wo die Mitglieder der Altonaer Gemeinde verstarben, in jedem Fall bedurften Überführungen auswärtig verstorbener Juden nach Altona zur dortigen Beisetzung der Erlaubnis des Landesherrn, für dänisches Territorium war das die Deutsche Kanzlei. Zum einen wurde die Beisetzung in Altona genehmigt, zum anderen musste der Transport der Leiche durch königliches Gebiet mit einem Geleitbrief versehen werden, der allen königlichen Beamten die freie Passage des Sarges befahl. Dies geschah zum Beispiel im Fall des 1679 in Kopenhagen verstorbenen Gemeindeangehörigen Israel Salomon. Das Recht, auf dem Gemeindefriedhof begraben zu werden, behielten die Gemeindemitglieder auch, wenn sie aus geschäftlichen Gründen ihren Wohnsitz verlassen hatten, wie zum Beispiel der 1695 verstorbene dänische Hofjuwelier Israel David (s. S. 61-62). Aber auch Juden aus der Hamburger Gemeinde konnten auf dem Altonaer Friedhof beigesetzt werden. Diese Leichen mussten aus Hamburg heraus mit Kutschen nach Altona gefahren werden und bedurften hierzu hamburgischer Genehmigung. Wer als Nichtgemeindemitglied in Hamburg oder Altona starb und dort beigesetzt werden musste, dessen Beisetzung bedurfte einer Sondergenehmigung durch den Gemeindevorstand. So starb zum Beispiel im September 1838 in Hamburg der aus St. Thomas zugereiste Aron Boscovitz, der als Gast bei einem Hamburger Kaufmann verstorben war. Ein anderer Kaufmann, ebenfalls aus St. Thomas, bestätigte Boscovitz' Mitgliedschaft in der Portugiesischen Gemeinde von St. Thomas, worauf der Gemeindevorstand beschloss, seine Beisetzung auf Kosten der Gemeindekasse durchführen zu lassen. 1857 äußerte Michael Pardo (1818–1885) den Wunsch, seine 1847 in Venezuela verstorbene Mutter Angelina, geb. Nehemias, sowie seine 1854 in Maiquetin (Venezuela) gestorbene Tochter von dort auf den Altonaer Friedhof überführen lassen. Hierfür erhielt er zwei Grabstellen und die Auflage, sich zusätzlich zur Genehmigung durch den Gemeindevorstand auch eine Erlaubnis der Altonaer Behörden zu verschaffen.

Die sefardischen oder portugiesischen Juden gehören zu jenen zwangsgetauften Juden, die im 16. und 17. Jahrhundert wegen der Unterdrückung und Verfolgung durch die spanische bzw. portugiesische Inquisition ihre Heimat verlassen und sich in Amsterdam und Hamburg niederlassen. Handel mit den portugiesischen Kolonien in Amerika und Asien, Reisen nach Portugal und Spanien, ausgeprägte, an wirtschaftlichen Interessen ausgerichtete Endogamie, hohe soziale Mobilität und nicht zuletzt das Festhalten an der portugiesischen Sprache verstärken das Zusammengehörigkeitsgefühl unter den Portugiesen, die sich nicht über religiöse als über ethnische und soziale Kriterien definieren. In weniger als einer Generation gelingt es den Portugiesen, eine administrativ geordnete jüdische Gemeinde zu formen. Für die Konsolidierung nach außen und nach innen sind vor allem drei Gründe maßgeblich: Festigung der Marrano-Diaspora in Nordeuropa, wirtschaftliche Stabilisierung sowie Sicherung der gegen den heftigen Widerstand der Bürger und der Geistlichkeit erkämpften Privilegien. Zu einem nicht geringen Maße tragen vielfältige interkommunale Kontakte zum Zusammenhalt der Marrano-Diaspora bei: Zum einen durch die Verpflichtung auswärtiger Rabbiner, Kantoren und Lehrer, die aus Nordafrika, dem Osmanischen Reich oder Italien kommen, später vor allem aus Amsterdam, zum anderen durch die Konsultierung anerkannter rabbinischer Autoritäten – in der Anfangszeit fast immer aus Venedig und Amsterdam. Bis in die Mitte der sechziger Jahre des 17. Jahrhunderts nimmt die Zahl der Hamburger Portugiesen kontinuierlich zu. Beträgt die Zahl der Mitglieder 1646 ca. achthundert Personen, so besteht Ende 1652 die Einheitsgemeinde Kahal Kados Bet Israel, die am 3. September 1652 aus dem

Zusammenschluss der drei Synagogengemeinden Talmud Tora, Keter Tora und Neve Salom hervorgegangen ist und im Protokollbuch als freie Generalgemeinde bezeichnet wird, nach dem Bericht des oben erwähnten Semuel Aboab aus genau eintausendzweihundertundzwölf Personen. Diese erstaunlich hohe Zahl, die von der Forschung noch überprüft werden muss, macht deutlich, wie sehr sich Hamburg – in Konkurrenz zur Portugiesengemeinde in Amsterdam, die etwa zweimal so groß war – zu einem bedeutenden Zentrum der Portugiesen entwickelt hatte, dies nicht zuletzt auch durch die Abwanderung zahlreicher Portugiesen aus Glückstadt nach Hamburg. 1656 werden hundertundsechzehn Steuerzahler gezählt und 1663 hundertzwanzig Familien. Um 1666 kann man – vorsichtig geschätzt – die Zahl der Hamburger und Altonaer Portugiesen auf über tausend ansetzen. Zum Vergleich: 1610 lebten ca. fünfhundert Portugiesen in Amsterdam, Ende des 17. Jahrhunderts ca. dreitausend. 1680 bestand die Londoner Portugiesengemeinde aus 414 Personen. Insgesamt war die Zahl der Portugiesen in Nordeuropa und in der Neuen Welt zu keinem Zeitpunkt größer als zehntausend. Die zunehmend antijüdische Stimmung und die Wiederbelebung des holländischen Iberienhandels waren letztlich dafür verantwortlich, dass in den 60er und 70er Jahren immer mehr Portugiesen nach Amsterdam und in die Neue Welt abwandern. Ende des 17. Jahrhunderts ging die Blütezeit der Hamburger Sefarden zu Ende. |

ABB. 7 | STEINE FÜR DIE EWIGKEIT *Blick auf den aschkenasischen Teil des Friedhofs an der Königstraße. Jüdische Grabsteine werden traditionell nach Osten ausgerichtet (damit der Verstorbene am Ende aller Tage den Weg nach Jerusalem findet), häufig aber verhindert die topographische Lage des Friedhofs die Ausrichtung der Steine nach Osten (Rundplatz, Abhang etc.), manchmal werden sie auch nach dem Eingang bzw. der Synagoge ausgerichtet. Jüdische Friedhöfe werden meist ummauert oder umzäunt, sie besitzen eine Wasserstelle, einen Brunnen, denn es ist eine Pflicht, sich die Hände nach dem Besuch zu waschen.*

STREIT UM DEN FRIEDHOF

Zwischen der sefardischen Gemeinde in Hamburg und der aschkenasischen Gemeinde in Altona wurde 1669 ein Vertrag geschlossen,
in dem die Altonaer den Hamburgern aufgrund ihres »Zulassungs-
monopols« freie Niederlassung und Erwerbstätigkeit in Altona
zubilligten. Als sich einige Hamburger Sefarden 1702 in Altona
niederließen und versuchten, dort eine selbstständige sefardische
Gemeinde zu gründen, kam es zu einem Rechtsstreit über den
Friedhof. Nach Auffassung der Hamburger Gemeinde hatten die
»Abtrünnigen« kein Recht, ihre Toten auf dem Altonaer Friedhof
zu begraben. Diese ersuchten nun den Altonaer Präsidenten um

ABB. 8 UND 9 | *Das von den Jüdischen Gemeinden Hamburgs und Altonas im 17. und 18. Jahrhundert erworbene Friedhofsgelände wurde immer wieder durch staatliche Maßnahmen verkleinert. Die Nationalsozialisten planten 1943 auf dem Friedhof ein Arbeitslager für die Fischindustrie. [Lesser 2009]*

Unterstützung und drohten, sich notfalls mit Gewalt Zugang zu verschaffen. Als wenig später einem der Abtrünnigen das Recht auf »Kirchhoff und Begräbnuß« eingeräumt wurde, gelang es den Hamburger Sefarden, das Privileg dahin gehend abzuändern, dass dieser und seine Familie zumindest seinen Beitrag zum Erhalt des Friedhofs zu leisten hätte.

Mitunter nahm der Streit um das Recht auf Beerdigung groteske Züge an. So hatte 1704 Semuel de Abraham Cohen Lobatto, der von der Hamburger Gemeinde ausgeschlossen worden war, den Leichnam seines verstorbenen Kindes, nachdem die Schlösser des Friedhofs durch einen Schlosser geöffnet worden waren, begraben lassen. Am 16. Mai 1704 wurden die Altonaer Behörden darauf aufmerksam gemacht, dass »Ihre (der Portugiesen) Oberen und Ältesten Macht haben, die Verbrecher pro quantitate et qualitate delicti gewissermassen zu bestraffen, und vermittelst ihres Gesetzes gar im Ban zu thun und aus ihrer Societet nach Ihrer Weise zu verstossen«.

Insgesamt sind vier Erweiterungen des aschkenasischen Teils des Friedhofs an der Königstraße belegt (1668, 1710, 1745, 1806). Im 17. und 18. Jahrhundert war eine Erweiterung rein räumlich unproblematisch, da der Friedhof damals weit gehend von Wiesen umgeben war und die Bauern vermutlich ihr Gelände gerne zu einem guten Preis an die deutschen Juden verkauften. Im Jahr 1710 musste sich die Gemeindeverwaltung allerdings von der Begräbnisbruderschaft, der Hevra Kadisha deKabronim (חברה קדישא דקברנים), das Geld für den Erwerb des notwendigen Landkaufs zur Erweiterung des Friedhofs leihen. Dafür wurde der Hevra eine Reihe von Sonderrechten zuerkannt, die ihr in der Gemeinde eine zentrale Machtstellung geben sollten.

Im Jahr 1806 kaufte die Altonaer Gemeinde das Gelände zwischen dem sefardischen Friedhof und dem aschkenasischen Friedhof. Mit diesem Erwerb wurde das Gelände, auf dem die beiden Begräbnisplätze lagen, arrondiert. Obgleich die Privilegien von 1641 nach wie vor in Kraft waren, bedurften der Anschluss des Geländes an den bereits genutzten Friedhof und dessen Verwendung zur Beerdigung von Toten der Genehmigung der dänischen Regierung. Zu diesem Zeitpunkt war Altona erheblich gewachsen, und der Friedhof lag nicht mehr wie zuvor am Rand der Wohngebiete, sondern diese waren um ihn herumgewachsen. Die »Verbannung des Todes aus dem Bereich der Lebenden« in der Zeit des ausgehenden 18. Jahrhunderts sowie neue hygienische Standards auf der Grundlage veränderter medizinischer Theorien hatten zunächst eine Ablehnung der Erweiterung des jüdischen Friedhofsgeländes zur Folge. Von Seiten der Behörden wurde argumentiert, dass Begräbnisplätze aufgrund von »Ausdünstungen« für Menschen schädlich seien und deshalb nach außerhalb der Stadt verlegt werden sollten. Mit Unterstützung des damaligen Oberpräsidenten Blücher gelang es der Altonaer Gemeinde erst 1809, nachzuweisen, dass ein jüdischer Friedhof alle neu gestellten hygienischen Bedingungen – wie Einzelgräber, Mindestabstand zwischen den Gräbern, keine Wiedereröffnung von Grabstätten – schon immer erfüllt hatte. Nicht vollständig

ABB. 10 | *1902 wurden bei einer Straßenverbreiterung fast 300 Gräber in die Mitte des Friedhofs verbracht. Bei einer Restaurierungsmaßnahme Anfang 1990 wurden einige dieser Grabsteine auf ein Kiesbett gelegt, um ein Durchbrechen zu verhindern.*

bestätigte archivalische Hinweise verweisen auf Aufschüttungen über bereits genutzten Gräberflächen an der Ostgrenze des Ostteils und des Zentrums des Friedhofs, um weitere Begräbnisse zu ermöglichen. Genau an dieser Stelle befindet sich heute ein Hügel.

Damit wurden die jüdischen Friedhöfe an der Königstraße und in Ottensen nach der 1833 begonnenen Schließung und Verlegung der innerstädtischen Friedhöfe anderer Konfessionen die einzigen Begräbnisplätze, auf denen bis 1870 Tote inmitten der Stadt Altona begraben werden durften. Dieses »Privileg« bescherte der Hochdeutschen Israelitengemeinde allerdings ab 1840 immer wieder Versuche antisemitisch motivierter Altonaer, den Friedhof aus »Gleichheitsgründen« schließen und ihn nach erfolgter Schließung als Park der öffentlichen Nutzung zukommen zu lassen. Die notorischen Raumprobleme auf dem Friedhof wurden dadurch verschärft, dass – verstärkt durch die ungünstige Bodenbeschaffenheit – Teile des Friedhofs bei starken Regenfällen so weit unter Wasser standen, dass häufig keine Gräber gegraben werden konnten und Beerdigungszüge den Friedhof nicht betreten konnten. Spätere Geländeankäufe zur Erweiterung des Friedhofes wurden in die Privilegien eingeschlossen und das Anrecht auf den Friedhof jeweils erneut bestätigt.

Mit der Trennung der Altonaer Gemeinde in einen Altonaer und einen Hamburger Teil änderten sich auch die Besitzverhältnisse der beiden Gemeindeteile. So wurde der 1806 mehrheitlich mit Geldern der in Hamburg verbliebenen Mitglieder der Gemeinde erworbene Teil des Friedhofs an der Königstraße aufgeteilt: Der Hamburger Teil der Gemeinde erhielt zwei Drittel des neuen Geländes als Begräbnisplatz, die Altonaer Gemeinde behielt ein Drittel. Aus den zwei Dritteln wurde der so genannte Hamburger Teil des Friedhofs an der Königstraße. Hier wurde z.B. Samson Heine, der Vater von Heinrich Heine, begraben (Abb. 87). Die in Hamburg verbliebenen Mitglieder der beiden Rumpfgemeinden vereinigten sich mit der Hamburger Gemeinde zur Deutsch-Israelitischen Gemeinde Hamburg. Nach einer Mitteilung an den dänischen Staat über die erfolgte Trennung stellten sie daraufhin die Zahlung von Schutzgeldern an die dänische Krone ein. Bereits zehn Jahre später begannen die Rentekammer und die Schleswig-Holsteinische Kanzlei, diese Gelder wieder einzufordern. Sie begründeten dieses Vorgehen damit, dass die Trennung der Gemeinde ein rein privatrechtlicher Akt gewesen sei, der nichts an ihrer Schutzgeldpflichtigkeit geändert habe. Nach vielen Auseinandersetzungen über die Rechtmäßigkeit dieser Forderung des dänischen Königs an die nunmehr Hamburger Juden gewordenen ehemaligen Altonaer verfügte der Altonaer Oberpräsident 1834 die Sperrung des so genannten Hamburger Teils des Friedhofs für Begräbnisse aus Hamburg. Darüber hinaus drohte er, den Friedhofsteil bei Missachtung der Gesetze schleifen zu lassen. Die Deutsch-Israelitische Gemeinde Hamburg ließ sich auf diese Erpressung nicht ein und erreichte in Verhandlungen mit dem Hamburger Senat eine Vergrößerung des Friedhofs am Grindel. Einzelne Gemeindemitglieder jedoch kauften sich sozusagen auf den Friedhof ein, indem sie formal durch die Zahlung einer einmaligen Summe Mitglied der Altonaer Gemeinde wurden und sich somit das Recht sicherten, auf dem angeseheneren Begräbnisplatz begraben zu werden. | Der Hamburger Teil des Friedhofes ist heute auf dem Gelände kaum noch auszumachen, da nahezu der gesamte Steinbestand zerstört worden ist. Jugendliche hatten zu Beginn des Zweiten Weltkriegs etwa 200 Grabsteine zerstört, um sich dort einen Spielplatz einzurichten. Fotografien aus der 1942 angefertigten Sammlung zeigen jedoch eine Varietät von Steinen und Inschriften, die sich in Sprache, Schrift und Ornamentik von denen der umgebenden Grabquartiere unterscheidet. | Die Erforschung des Begräbniswesens als eines der zentralen Elemente jüdischer Wohltätigkeit, Religiosität und Alltags ermöglicht mithin einen Einblick in das Gemeindeleben durch mehrere Jahrhunderte. Die Vernichtung jüdischer Archivbestände durch die Nationalsozialisten hat dazu geführt, dass Grabsteine in vielen Fällen zu wichtigen Primärquellen geworden sind, die für die Bevölkerungsgeschichte und Historische Demographie, für die Regional- und Stadtgeschichte, für die Gemeindegeschichte und die Genealogie wichtige Informationen enthalten. Das Friedhofsgelände wird 1875 bei einer Restaurierung durch die Gemeindeverwaltung durch Wiederaufrichten von ca. 1600 Grabsteinen und eine Registrierung der Gräber durch die Hochdeutsche Israelitengemeinde Altona in die Grabquartiere Süd, Ost, Zentrum, Nord und West aufgeteilt, und die Grabsteine werden in ihrer topographischen Reihenfolge numeriert. | Seit der Schließung des Jüdischen Friedhofs Königstraße im Jahre 1869 haben mehrfach fotografische Gesamt- und Teilaufnahmen des Grabsteinbestandes bzw. Erfassungen der dort bestatteten Personen stattgefunden. Da die Bearbeiter die Steine nicht immer entziffern bzw. zuordnen konnten, sind die von ihnen ermittelten Zahlen nur mit gebotener Vorsicht zu interpretieren:

1874   *Die 1.806 Grabsteine auf dem portugiesischen Teil wurden 1874 von den Gemeindebeamten Aron Rocamora und David S. Sealtiel aufgenommen.*

1875   *Die über 6.000 Gräber des aschkenasischen Teils in der Reihenfolge ihrer Nummer im topographischen Grabregister von 1875 stellte die erste weit gehend vollständige Aufnahme des Bestandes dar: Zentrum: 938 Gräber, Südteil: 611 Gräber, Ostteil: 1.352 Gräber, Nordteil: 642 Gräber; Westteil: 2.466 Gräber. Die 669 Steine des so genannten »Hamburger Teils« sind nicht erfasst, sondern in einem* um 1900 angelegten besonderen Register verzeichnet. Insgesamt bestand der aschkenasische Teil des Friedhofs im Jahre 1875 aus 6.668 Grabsteinen.

1902 Max Grunwald verzeichnet in seinem 1902 erschienenen Buch »Portugiesengräber auf deutscher Erde« insgesamt 1.536 bestattete Portugiesen.

1927 – 1933 In seiner unveröffentlichten Dissertation führte der 1933 nach Porto emigrierte Alfonso Cassuto 2.295 Personen auf, die auf dem portugiesischen Teil des Friedhofs bestattet wurden.

1942 – 1960 Fotografische Erfassung des Grabsteinbestandes durch die Fotografinnen O. Schwartz und A. Vinzelberg.

1960 Der Friedhof wird unter Denkmalschutz gestellt. Nach Gründung des Instituts für die Geschichte der deutschen Juden kommt es zu einer teilweisen Transkription der Inschriften des Steinbestandes auf dem sefardischen und aschkenasischen Teil des Friedhofes.

1986 – 1990 Im Auftrage des Denkmalschutzamtes erfolgt eine landschaftspflegerische Erfassung des sefardischen Steinbestandes. Zudem werden denkmalpflegerische und steinkonservatorische Maßnahmen am Steinbestand durchgeführt

1995 – 2000 Schwerpunktforschung an sefardischen Inschriften und Neuaufnahme kunsthistorisch besonders interessanter Steine durch den Fotografen Jürgen Faust und den Linguisten Michael Studemund-Halévy.

2001 Beginn der systematischen Erforschung des Inschriftenbestandes des aschkenasischen Teils des Altonaer Friedhofs unter der Leitung des Duisburger Judaisten Michael Brocke.

2004 Eine vermutlich nach 1945 gestohlene Grabstele, die vor einigen Jahren in Buxtehude gefunden wurde, kam 2004 an ihren alten Platz zurück (s. Abb. 12).

2009 Mit der Veröffentlichung des Buches »Verborgene Pracht« ist der Inschriftenbestand des aschkenasischen Teils des Friedhofs nun vollständig im Internet recherchierbar (www.steinheim-institut.de).

Während sich nun die beiden Gemeinden in Hamburg und Altona bemühten, die Einhaltung der religionsgesetzlichen Vorschriften trotz finanzieller und personeller Probleme zu gewährleisten, wurden in der Altonaer Bevölkerung Stimmen gegen die Existenz des Friedhofs wie auch gegen das Privileg der Juden, nach wie vor auf einem innerstädtischen Friedhof ihre Toten beisetzen zu dürfen, laut. Bereits 1832 hatte sich der Oberpräsident Altonas gegenüber der Altonaer Gemeinde dahin gehend geäußert, dass ihr Begräbnisplatz aus dem innerstädtischen Bereich nach außerhalb verlegt werden müsse. Die Altonaer teilten den Hamburgern diese bedrohliche Entwicklung in einem Brief mit und baten um baldigste Stellungnahme. Hintergrund für diese obrigkeitliche Initiative war eine bereits seit der Jahrhundertwende geführte Hygiene-Debatte, in der unter anderem die Existenz der großen innerstädtisch gelegenen Bestattungsplätze für zahlreiche medizinische Missstände verantwortlich gemacht wurde. Während die Mehrheit der christlichen Bestattungsplätze aufgelöst bzw. verlegt werden konnte, war es für die deutschen wie portugiesischen Juden aus religiösen wie aus gemeindepolitischen Gründen geboten, den Begräbnisplatz an der Königstraße beizubehalten, was ihnen zunächst durch neuerliche Bestätigung der Privilegien auch gelang. 1848 jedoch stellten der Weinhändler C. F. Jäger und einige andere Altonaer Bürger ein Gesuch an die Landesregierung, mit der Forderung, den aschkenasischen Juden die Beisetzung ihrer Toten auf ihren Begräbnisplätzen aus Paritätsrücksichten zu untersagen. Nach einer Rücksprache mit den jüdischen Gemeinden war das Konsistorium jedoch der Ansicht, dass ein solcher Befehl »jedem Begriffe von Recht widerstreiten, wie wohlbegründetes Eigenthumsrecht, ja das Gewissen der Israeliten auf tiefste verletzen würde«. Außerdem sei eine Anordnung, den jüdischen Friedhof nach außerhalb zu verlegen, nicht unbedingt im öffentlichen Interesse. Das zur Entscheidung erforderliche Gutachten des örtlichen Physikats habe deutlich gemacht, dass unter Berücksichtigung der örtlichen Verhältnisse (d.h. der Gegebenheiten auf dem Friedhof) wie auch der Art der Bestattung nach jüdischen

Gesetzen eine Gefährdung der Gesundheit nicht nachweisbar sei. Der um das öffentliche Wohl so besorgte Weinhändler hatte in seiner Eingabe außerdem angeregt, aus den bei einer Verlegung der jüdischen Friedhöfe frei werdenden Flächen an der Königstraße freie Plätze oder Straßenanlagen zu gestalten. Auch wenn die jüdischen Friedhöfe nach wie vor das Wohlwollen zahlreicher öffentlicher Stellen genossen und die Privilegien den erforderlichen Schutz gewährten, so wurde im Jahr 1859 klar, dass die Entwicklung einer wachsenden Stadt und die damit einhergehenden infrastrukturellen Notwendigkeiten vor dem Friedhof an der Königstraße – der inzwischen inmitten der sich ausbreitenden Stadt Altona lag – nicht Halt machen würden. Als der Vorstand der Gemeinde Neve Salom in Altona in jenem Jahr eine Eingabe machte, anstelle der Planke, die bis dahin den Friedhof an der Königstraße begrenzte, eine Mauer errichten zu dürfen, wurde ihm von der Baubehörde mitgeteilt, dass die Mauer nur gestattet werden könnte, wenn die Gemeinde sich gleichzeitig bereit erklären würde, ungefähr 880 Quadratfuß ihres Friedhofes an der Königstraße der Stadt zur Verbreiterung der Straße abzutreten, die wegen des gesteigerten Verkehrsaufkommens unvermeidlich sei. In einem Antwortschreiben benannte der Altonaer Gemeindevorstand die Gründe, warum es, in Absprache mit der Hamburger portugiesischen Gemeinde, nicht möglich sei, mit der geplanten Mauer auf das Friedhofsgelände zugunsten der Königstraße einzurücken. Gründliche Untersuchungen und Nachgrabungen hätten nicht nur gezeigt, dass sich bis an die Planke alte Gräber befänden, sogar auf der Grenze zur Straße selbst habe man Hinweise auf Gräber gefunden. Es sei daher »dem Vorstand aus religiösen Gründen nicht erlaubt und deshalb unmöglich, auch nur eines Theils der durch die stattgefundenen Beerdigungen zum Friedhof gewordenen Eigenthums sich zu entäußern und denselben zu profanieren«. Die Angelegenheit ruhte, bis im Jahre 1863, aufgrund einer Beschwerde der beiden Gemeinden, die städtischen Behörden würden grundlos ihre Bitte zur Genehmigung der Errichtung einer Mauer an ihrem Friedhof verschleppen, nunmehr das Königliche Oberpräsidium von den städtischen Collegien einen

Bericht über den Gesamtvorgang verlangte. Im selben Jahr erfolgte im Übrigen der Erlass der Verordnung zur Regelung der bürgerlichen Verhältnisse der Juden in Schleswig-Holstein. Die städtischen Collegien betonten den Interessenkonflikt zwischen dem Eintreten für die religiösen Gebräuche der Juden und dem öffentlichen Interesse, hinter das Erstere zurückzutreten hätten. Um nun endlich die Verbreiterung der Königstraße zum »Wohl der Allgemeinheit« durchführen zu können, stellten die städtischen Collegien am 20.4.1863 bei dem Königlichen Oberpräsidium den Antrag, ihre Eingabe bei der Königlichen Regierung zu unterstützen, mit der ein gesetzliches Enteignungsverfahren gegen die portugiesischen Gemeinden wegen des vom Friedhof abzutretenden Grundes eingeleitet werden sollte. Sei der Vorgang erfolgreich abgeschlossen, so könnte die jüdische Gemeinde ihre Friedhofsmauer gerne bauen. In ihrer Antwort gestattete die Königlich-Holsteinische Regierung das Enteignungsverfahren. Unter diesem Druck kamen auch die Verhandlungen zwischen den städtischen Collegien und den beiden portugiesischen Gemeinden wieder in Gang. Anscheinend wurde den Gemeindevorständen von Seiten der Bau-Commission in Altona nahe gelegt, der Enteignung des Friedhofstreifens an der Königstraße durch eine gütliche Einigung zuvorzukommen. Zwei Monate später, am 31.12.1863, teilte der Vorstand der Portugiesisch-Jüdischen Gemeinde Altona der Bau-Commission seine Entscheidung mit. Mithilfe eines theologischen Gutachtens hätten die Gemeinden einen Vorschlag zu unterbreiten, »damit nicht ein bisher hier im Lande nicht vorgekommener Religions- und Gewissenszwang geübt werden soll«. Da es Juden durch ihre Religionsgesetze verboten sei, einen Begräbnisplatz zu verkaufen oder anderweitig zu veräußern, könnte der zur Diskussion stehende Geländestreifen nicht abgetreten und somit auch nicht im Stadtbuch der Stadt zugeschrieben werden. Vielmehr müsse dieser Streifen »nach wie vor als integrierender Theil ihres Kirchhofes in dem Eigenthum der Gemeinde verbleiben«. Um nun der Stadt entgegenzukommen, entschloss sich die Gemeinde, eine Überwölbung der Grabstellen zu erlauben, um auf das Gewölbe anschließend das Trottoir legen zu lassen. Um sicherzugehen, dass keine Gräber verletzt würden, erläuterte der Gemeindevorstand die Durchführung der Überwölbung im Detail. Mehrfach betonte der Gemeindevorstand in diesem Schreiben die absolute Notwendigkeit der Einhaltung der Bauvorschriften, die ausdrücklich nicht gewünschte Entschädigung für den durch die Überwölbung zur Verfügung gestellten Landstreifen sowie die zukünftige Unterhaltspflicht der Stadt für das Gewölbe. Weiterhin bat die Gemeinde um ein Dokument, in dem die Erlaubnis zur Errichtung der seit Jahren gewünschten Mauer erteilt werde. Darüber hinaus war die Gemeinde Neve Salom entschlossen, bei Ablehnung des Vorschlags zur Überwölbung alle Rechtsmittel zur Verteidigung des Gemeindeeigentums gegen eine Enteignung einzusetzen.

Die Bau-Commission empfahl den städtischen Collegien im Februar 1864, das Angebot der portugiesischen Gemeinden anzunehmen, wollte sich jedoch die Einleitung eines Enteignungsverfahrens grundsätzlich vorbehalten. Auf diese aus Sicht der Portugiesisch-Jüdischen Gemeinde überflüssige und das Primat des Staates hervorhebende Äußerung reagierten am 1.4.1864 diesmal die Vorstände beider portugiesischen Gemeinden in einem gemeinsamen Schreiben. Zum einen sei es nach wie vor zweifelhaft, ob ein Expropriationsverfahren, das für Privatgrundstücke gelte, auch auf einen jüdischen Friedhof angewandt werden könnte. Grundsätzlich hätten die Gemeindevorstände angenommen, dass nach der prinzipiellen Einigung auf die Durchführung der Überwölbung die Möglichkeit der Enteignung auch von den städtischen Gremien nicht mehr verfolgt würde, so dass die Angelegenheit hiermit erledigt sei und die unter dem Trottoir befindlichen Gräber »ewig heilig und unversehrt erhalten bleiben«. In der Folge wurde das Überwölbungsvorhaben von den städtischen Gremien genehmigt und in Kooperation mit den portugiesischen Gemeinden durchgeführt.

Die Schließung des Friedhofs an der Königstraße als aktiv genutzten Begräbnisplatzes wurde vom schleswig-holsteinischen Innenministerium schließlich 1869 angeordnet und innerhalb von vier Wochen realisiert. Die damit notwendige Einrichtung eines neuen Begräb-

ABB. 11 UND 12 | *Replik des im Zweiten Weltkrieg zerstörten Grabsteins für den Altonaer Rabbiner und theologischen Schriftsteller Jakob Ettlinger (1798 – 1871) (l.) (Porträt von Jakob Ettlinger s. Abb. 79). Vor kurzer Zeit tauchte in Buxtehude die Grabstele des 1644 verstorbenen Isaac Nunes auf (r.).*

nisplatzes wurde von staatlicher Stelle gefordert, wenn auch nicht aktiv unterstützt. Die Einrichtung des neuen Gemeindefriedhofs am Bornkampsweg zog sich von den ersten Verhandlungen im Jahr 1869 bis zur Eröffnung des Begräbnisplatzes 1873 hin. Während dieses Zeitraums setzte die Hochdeutsche Israelitengemeinde Altona ihre Toten auf ihrem Teil des Ottenser Friedhofs bei. Nach der behördlich angeordneten Schließung 1869 wird mit besonderer Erlaubnis des Altonaer Magistrats der 1871 verstorbene Oberrabbiner Jakob Ettlinger (s. S. 157 und Abb. 79) als letzte Person auf dem aschkenasischen Friedhof an der Königstraße neben seiner ersten Frau, Nanette Ettlinger, geb. Wormser, bestattet. Auf dem Portugiesenfriedhof fand 1871, 1872 und 1877 je eine Beerdigung statt, so zum Beispiel für die 1871 verstorbene Rahel Namias de Castro (Abb. 59).

Nach der Schließung des Friedhofs bemängelten Gemeindeangehörige mehrfach den verwahrlosten Zustand des alten Begräbnisplatzes, und so traf 1888 der Vorschlag des Altonaer Verschönerungsvereins, den Friedhof zur »Optimierung« des Stadtbildes zu bepflanzen, beim Vorstand der Hochdeutschen Israelitengemeinde Altona auf offene Ohren. Nach Prüfung des Bepflanzungsplans durch Oberrabbiner Dr. Elieser Löb wurde dem Vorhaben zugestimmt. Nach Darlegung des Altonaer Stadtgärtners soll eine gruppenweise Bepflanzung mit niedrigen Gehölzen, höheren Sträuchern und Bäumen erfolgen. Zusätzlich sollten die auf dem Friedhofsgelände befindlichen Hügel mit »hübschen Bäumen«, z.B. Blutbuchen, bepflanzt werden. 1889 legte Löb die Bedingungen für die Bepflanzung fest:

»1. An allen zu bepflanzenden Stellen ist zuvor fremde Erde aufzuschütten, in welche die Pflanzen einzusetzen sind.

2. dürfen nur solche Pflanzen zur Anwendung kommen, welche nicht tief Wurzeln schlagen.

3. Um auf keine Gräber zu stoßen, können die Anpflanzungen nur an den zwischen den Leichensteinen befindlichen Stellen vorgenommen werden ...«

Die Unterhaltskosten für die Bepflanzung, worunter auch die Pflege und die Abfuhr von Blättern und Ästen verstanden wurden, übernahm die Altonaer städtische Baukommission. Der Verschönerungsverein setzte nicht nur eine »zeitgemäße« Bepflanzung durch, er sorgte auch, ebenfalls zur Verschönerung des Stadtbildes, dafür, dass das Friedhofsgelände an der Königstraße ein neues »geschmackvolles Gitter« erhält. Damit hielten auch auf dem alten jüdischen Friedhof an der Königstraße die in jener Zeit üblichen Vorstellungen von der Einrichtung eines Friedhofes als Park vorsichtig Einzug.

EIN SCHWIERIGES ENDE

War es der Hochdeutschen Israelitischen Gemeinde in Altona und den beiden Portugiesisch-Jüdischen Gemeinden Ende der 50er Jahre des 19. Jahrhunderts noch einmal gelungen, die Schließung ihres

Begräbnisplatzes an der Königstraße abzuwenden, so wurde ihnen wenige Jahre später, im März 1869, vom Oberpräsidium in Altona mitgeteilt, dass nun endgültig sämtliche Beerdigungen innerhalb der Stadt mit dem 15. Mai desselben Jahres eingestellt werden müssten. Zunächst gelang es den portugiesischen Gemeinden, beim Altonaer Oberpräsidenten einen Aufschub von mehreren Monaten zu erwirken. Gleichzeitig gaben die Altonaer Behörden bekannt, dass die Einrichtung eines für alle Konfessionen zugänglichen Centralfriedhofs geplant sei. Da die Hamburger Portugiesen mit einer Aufhebung des Aufschubs rechneten, bemühten sie sich unverzüglich um einen Ausweichbegräbnisplatz, um ihre Toten auf einem eigenen Begräbnisplatz bestatten zu können. Hierfür wurde ihnen erstens ein kleines Areal am »Durchschnitt« (Grindelfriedhof) in Hamburg als Begräbnisplatz angeboten (s. S. 205f.). Auf diesem Friedhof hatten sie Anfang des 18. Jahrhunderts ein wenig belegtes Terrain erworben. Zweitens bot ihnen die Altonaer portugiesische Gemeinde in Verhandlungen an, dass man das Haus am Begräbnisplatz Königstraße verkaufen wollte. Drittens sollte die Hochdeutsch-Israelitische Gemeinde in Altona um ihr Einverständnis gebeten werden, die Toten in ihrer »Kapelle« auf die Beisetzung vorzubereiten und dann über ihr Friedhofsgelände auf das der eigenen Gemeinde tragen zu lassen. Weiterhin sollte, da das eigene Haus auf dem Begräbnisplatz nunmehr unbewohnt sein würde, eine Friedhofsaufsicht eingestellt werden. Im Jahr 1871 wurde zum 1. März schließlich die Bestattung auf dem Friedhof an der Königstraße endgültig verboten. Für einige wenige Erbbegräbnisse wurden bis zum Jahr 1878 Ausnahmen gemacht.

Insgesamt drei Portugiesen wurden in der Zeit zwischen April und Juni 1871 in Ottensen beerdigt. Die Altonaer Gemeinde Neve Salom entschied sich, zusammen mit der dortigen Hochdeutsch-Israelitischen Gemeinde, einen neuen Begräbnisplatz zu erwerben, was nach langwierigen Verhandlungen mit der Ortsverwaltung Ottensen-Neumühlen schließlich 1873 zur Einrichtung des Jüdischen Friedhofes am Bornkampsweg führte (s. S. 208).

1901 erhielt die Hamburger Portugiesengemeinde eine Nachricht der Bau-Commission Altona über die Planung einer weiteren Verbreiterung der Königstraße, um die Centralbahn durch die Königstraße führen zu können. Um möglichst rasch zur Tat schreiten zu können, verwies die Bau-Commission auf die unmittelbar zuvor erfolgte Überwölbung zweier Randstreifen des Ottenser Friedhofs an der Bismarckstraße und an der Großen Rainstraße. Grundsätzlich hatte die Portugiesische Gemeinde gegen eine zweite Überwölbung am Rand ihres alten Begräbnisplatzes keine Einwände. Während einer gemeinsamen Begehung des Geländes mit der Bau-Commission stellte sich jedoch heraus, dass bei der Verwendung der für die Überwölbung notwendigen Pfeiler Grabsteine und Gräber beschädigt werden würden. Daraufhin schlug die Bau-Commission eine Exhumierung der betroffenen Gräber und eine Verlegung der Grabstellen zur Friedhofsmitte hin vor. Mit diesem Schreiben suchte der Gemeindevorstand den Oberrabbiner der Hochdeutsch-Israelitischen Gemeinde Altona, Dr. Meir Lerner, auf, der anregte, erst einmal die Zahl der betroffenen Gräber festzustellen und zu klären, ob das für eine Umbettung benötigte Terrain auf dem Friedhof Königstraße frei sei. Falls eine Wiederbeisetzung der exhumierten Gebeine auf demselben Begräbnisplatz aus Raumgründen nicht möglich sei, könnte man hierfür auch einen anderen Friedhof in Erwägung ziehen. Nachdem die Gemeinde die Zusicherung erhalten hatte, dass eine Exhumierung von Gräbern unter diesen Gegebenheiten auch vom religionsgesetzlichen Standpunkt aus vertretbar sei, tat der Vorstand etwas Erstaunliches: Er ließ nämlich durch einen Makler den von der Stadt zu fordernden »Entschädigungspreis« feststellen – er wollte das Gelände nach erfolgter Exhumierung also verkaufen. Der Makler setzte den Preis für ein Gelände mit der Fläche von 389 qm in nicht »besonders guter Gegend« auf 42 Mark/qm fest. Bereits im Januar 1902 schlossen zwei Vertreter des Gemeindevorstandes mit der Bau-Commission, allerdings vorbehaltlich der Zustimmung der Gemeinde, einen Vertrag folgenden Inhalts ab: Die Gemeinde verpflichtete sich, das zur Verbreiterung der Königstraße erforderliche Gelände an die Stadt »zu öffentlichen Wegen« abzutreten. Hierfür zahlte die Stadt einen »Kaufpreis« von 20.000 Mark. Die Stadt Altona sollte auf ihre Kosten eine neue, in die Straßenfluchtlinie eingepasste Einfriedung des Friedhofs errichten. Die Portugiesisch-Jüdische Gemeinde stimmte zu, die Gräber auf dem abgetretenen Areal auf ihre Kosten zu exhumieren. Die Stadt Altona übernahm daraufhin alle die Wiederherstellung und Erhaltung der Königstraße betreffenden Folgekosten.

Die Portugiesisch-Jüdische Gemeinde wie auch die städtischen Kollegien stimmten dem Vertrag am 7.2.1902 zu. Bereits Ende Mai 1902 hatte die Gemeinde das Gelände von Gebeinen und Grabsteinen geräumt. In der Folge wurden dann die Überwölbung aus dem Jahr 1863 geöffnet und die dort befindlichen Gräber umgebettet. Am 26.9.1902 erfolgte im Anschluss an die Auflassung die Übertragung des abgetretenen Geländestreifens auf die Stadt Altona. Der Vertrag zwischen der Portugiesischen Gemeinde und den städtischen Kollegien wurde in den amtlichen Nachrichten der Stadt Altona als Drucksache veröffentlicht. Dort las ihn auch Rabbiner Dr. Meir Lerner, der sich am 24.3.1902 mit einem Brief folgenden Inhalts an den Vorstand der Hamburger Portugiesen wandte: Bei dem Gespräch mit den Vertretern des Gemeindevorstandes sei ihm nur die Alternative zwischen Überwölbung oder Exhumierung der Gräber mitgeteilt worden, von einem Verkauf des Geländes sei aber niemals die Rede gewesen. Wie sich ihm die Situation jedoch nun darstelle, sei die eigentliche Alternative gewesen, eine Überwölbung mit der Verletzung einzelner Gräber oder eine Umbettung sämtlicher Gräber durchzuführen. In diesem Falle wäre eine Überwölbung jedoch religionsgesetzlich vorgeschrieben gewesen, mithin nur eine Exhumierung der durch die Überwölbung verletzten Gräber gestattet. Weiter beanstandete Dr. Lerner, dass aus dem Verkauf eines Friedhofs ein Geldgewinn erzielt werden sollte und der Gemeindevorstand die Beibehaltung des Eigentumsrechts an dem Gelände nicht durchgesetzt hätte.

Der der Täuschung verdächtigte Gemeindevorstand reagierte auf diese Kritik, indem er am 23.5.1902 – die Umbettung war zu diesem Zeitpunkt bereits so gut wie abgeschlossen – erwiderte, er habe die Alternativen keineswegs falsch präsentiert, zudem habe dem Rabbiner das Gutachten der Bau-Commission »in Urschrift« vorgelegen. In dieser sei ausgeführt gewesen, dass nicht etwa einige, sondern alle Gräber gefährdet seien. Außerdem habe sich bei der Aufgrabung im Zuge der Umbettung gezeigt, dass sich die Gräber einen halben bis einen Fuß unter Niveau befunden hätten, und in dieser Tiefe habe man weder Gerippe noch Schädel, sondern nur winzige Knochenreste gefunden. Der Grund hierfür sei das hohe Alter der Grabstellen. Zum Verkauf des Geländestreifens hieß es in dem Antwortschreiben weiter:

»Dass in den Konferenzen eine Abtretung des Terrainstreifens nicht zur Sprache gekommen ist, findet seine genügende Erklärung darin, dass wir nachdem sich Euer Ehrwürden in dem angezogenen Bescheid ohne weitere Vorbehalte für die Zulässigkeit der Exhumierung ausgesprochen hatte, gar nicht auf den Gedanken kommen konnten, dass nach deren Vornahme, bezüglich des alsdann der Friedhofseigenschaft völlig entkleideten Grund und Bodens, religionsgesetzliche Fragen überhaupt noch auftauchen könnten. Wir können uns der Ansicht nicht verschließen, dass Euer Ehrwürden selbst hätten die Folgerung ziehen können, dass auf das mit Ihrer Genehmigung zuvor geräumte Areal das gesetzliche Enteignungsverfahren zur Anwendung gebracht werden und es also zu dessen Abtrennung kommen würde.« Darüber hinaus sei die post festum erhobene Forderung, das Eigentumsrecht an dem Friedhofsgelände zu sichern, in die Praxis umgesetzt eine reine Formalität. Der Untergrund einer derartigen Hauptverkehrsader sei durch Aufgrabungen für Ausbesserungen und Arbeiten an Siel-, Gas-, Wasser- und Elektroleitungen in dauernde und stetig zunehmende Unruhe versetzt. Somit stelle diese Forderung eine Selbsttäuschung dar. Eine kostenfreie Überlassung des Geländestreifens hätte darüber hinaus nur die Begehrlichkeit auf das restliche Friedhofsterrain geweckt, denn es sei bereits häufig in der Presse angeregt worden, nach Ablauf einiger Ruhejahre das gesamte Gebiet zur Errichtung einer Markthalle oder einer Verbindungsstraße zur Großen Bergstraße zu erwerben. Der durch die Abtretung erhaltene Entschädigungsbetrag von 20.000 Mark werde »selbstredend den gleichen culturellen und milden Zwecken dienen«.

Durch die Umbettung sei den dort Begrabenen mehr Pietät erwiesen als durch aussichtslose Unternehmungen. Rabbiner Lerner erwiderte auf dieses in der Abwehr der religiösen Argumentation einer zuvor konsultierten Autorität bemerkenswert respektlos gehaltene Schreiben, dass bei der Beschaffenheit der portugiesischen Gräber deren Beschädigung durch den Aufbau der Überwölbung wohl wirklich zu erwarten gewesen wäre. Die Annahme, die Erlaubnis zur Exhumierung habe einen Verkauf des Geländes eingeschlossen, sei jedoch falsch. Dr. Lerner betonte: »Da weder in meiner ganzen Amtsthätigkeit noch in einem der Oberrabbinatsakten je die Möglichkeit des Verkaufs eines jüdischen Friedhofs infrage kam, so musste mir der Gedanke fern liegen, dass der verehrliche Vorstand den geheiligten Boden, in dem Ihre Ahnen ihre letzte Ruhe gefunden, gegen materiellen Vorteil zu veräußern die Absicht hätte. Vielmehr setzte ich voraus, dass wie vor Jahren die Altonaer Gemeinde auch die Ihrige das geforderte Opfer ohne alle materielle Entschädigung zu bringen bereit ist. Sie haben den Verkauf einzig und allein auf Ihre eigene Verantwortung unternommen, und muss ich gegen die Annahme, als ob derselbe mit meiner Zustimmung erfolgt wäre, aufs Entschiedenste Verwahrung erheben.«

1905 publizierte Rabbiner Dr. Lerner eine Sammlung rabbinischer Gutachten über Exhumierungen und Aschenurnenbeisetzungen. In der deutsch verfassten Einleitung bezog er sich explizit auf seine in Altona gemachten Erfahrungen hinsichtlich der Überwölbung und Exhumierung von Friedhofsstreifen zu Gunsten von Straßenverbreiterungen, insbesondere auf die an der Königstraße im Jahr 1902. Seine Begründung für die Erlaubnis, ja für die religiöse Notwendigkeit einer Exhumierung der Gräber am Rand des portugiesischen Teils des Jüdischen Friedhofs Königstraße übernahm Lerner teilweise aus dem Rechtfertigungschreiben des portugiesischen Gemeindevorstands, führte diese weiter aus und stellte den Bezug zur rabbinischen halakhischen Literatur her. Geradezu im

Gegensatz zu seinen zuvor dem portugiesischen Gemeindevorstand mitgeteilten Bedenken gegen Exhumierungen, nämlich, dass es durch eine Überwölbung des Areals möglich gewesen wäre, das Gelände als Eigentum der Gemeinde zu erhalten, argumentierte Lerner jedoch nunmehr unter Verweis auf den formalen Charakter des Eigentumsrechts – eine öffentliche Straße könnte nicht mehr uneingeschränktes Eigentum der Gemeinde sein. Eine solche Argumentation wolle nur Bedenken zerstreuen, dass »die Verstorbenen nicht im fremden, sondern in dem der Gemeinde dauernd angehörigen Boden ihre letzte Ruhe« gefunden hätten. Selbst die von ihm zunächst zurückgewiesene Erklärung des portugiesischen Gemeindevorstands, der Verkauf stelle lediglich einen pragmatischen Umgang mit einer von den staatlichen Stellen aufgezwungenen Situation dar, spiegelte sich vorsichtig formuliert in Lerners Text wider.

In den folgenden Jahrzehnten kam es in Randbereichen des Friedhofsgeländes wiederholt zu Straßenbegradigungen. Um die Vorschriften über die Einhaltung der Grabruhe nicht zu verletzen, geschahen diese Baumaßnahmen in Absprache mit Vertretern der als Besitzerin des Geländes zuständigen Jüdischen Gemeinde Altona. Eine weit gehende Zerstörung der Begräbnisplätze drohte erstmals 1928, als die Verwaltung Altonas plante, eine Durchgangsstraße mitten durch das Friedhofsgelände zu bauen. Dr. Joseph Carlebach, seit 1925 Oberrabbiner der Hochdeutschen Israeliten-Gemeinde Altona, gelang es jedoch, die Verwaltung zu überzeugen – der Friedhof blieb in seiner Gesamtheit erhalten.

DER FRIEDHOF IM NATIONALSOZIALISMUS

Nach der Machtübernahme durch die Nationalsozialisten drohte dem Friedhof erneut Gefahr. So regte die Bauverwaltung Altona 1935 an, die Möglichkeit einer Enteignung der jüdischen Friedhofsgelände Bismarckstraße (Ottensen) und Königstraße zu überprüfen, um so die »Fortführung der städtebaulichen Entwicklung« gewährleisten zu können. Wie man sich diese Planungen vorstellte, ließen die Ausführungen der Bauverwaltung jedoch nicht erkennen. Dem Wunsch aus Altona stand der Regierungspräsident in Schleswig eher zögerlich gegenüber. Die Prüfung der Rechtslage ergab, dass die Portugiesisch-Jüdische ebenso wie die Hochdeutsch-Israelitische Gemeinde in privatrechtlicher Hinsicht als Eigentümer der beiden Begräbnisplätze zu gelten hätten. Das Rechtsamt verwies auf entsprechende Eintragungen im Grundbuch und argumentierte, dass das Eigentum andernfalls längst »ersessen« sei. Auch konnten keine öffentlich-rechtlichen Beschränkungen, wie etwa ein Vorbehalt auf Widerruf der Friedhofsgenehmigung, ausgemacht werden. Das ebenfalls befragte Gesundheitsamt äußerte keinerlei »hygienische« Bedenken, was den Fortbestand des Friedhofs inmitten eines dicht besiedelten Wohngebiets anging. Vier Jahre später, 1939, hatte sich die Situation geändert. Mit der »3. Verordnung über die Neugestaltung der Reichshauptstadt Berlin« und deren Anwendung auf Hamburg war es juristisch möglich geworden, Friedhofsgelände, das für die städtebauliche Neugestaltung Hamburgs genutzt werden sollte, zu enteignen bzw. dessen Friedhofseigenschaft aufzuheben und es damit verfügbar zu machen. Anwendung auf die jüdischen Friedhöfe in Altona fanden diese Regelungen jedoch erst 1941 in einer Bekanntmachung der Gemeindeverwaltung der Hansestadt Hamburg, durch die mit Bezug auf diese allgemein gehaltenen Verordnungen die Zweckbestimmung der Friedhöfe Bismarckstraße und Königstraße aufgehoben wurde. Damit war der erste Schritt auf dem Weg zu einer möglichen Enteignung der Gelände ergangen.

Durch Erlass der antijüdischen Gesetze ab 1933 hatte sich die wirtschaftliche Lage der Hamburger Juden dramatisch verschlechtert. Vor diesem Hintergrund führte 1942 die Hansestadt Hamburg Verhandlungen über den Ankauf von etwa 40 Immobilien und Gebäuden aus dem Besitz des »Jüdischen Religionsverbandes Hamburg e.V.«. Bestandteil der zwangsweise zustande gekommenen »Verhandlungen« waren auch die beiden Begräbnisplätze, die zusammen den Jüdischen Friedhof Königstraße bildeten. Das Verkaufsvorhaben wurde schließlich am 18. Dezember 1942 urkundlich niedergelegt. Endgültig besiegelt wurde der Vertrag am

9. Januar 1943. Der Verkaufvertrag von 379.800 Reichsmark auf die beiden Teile des Friedhofs Königstraße sollte auf das Sonderkonto »Grundstückserlöse« der »Reichsvereinigung der Juden in Deutschland« (RVJD) überwiesen werden. Der Vertrag enthielt eine Reihe von Zusicherungen, die vor dem Zeithintergrund jeglicher Realität entbehrten:

– »Falls es später im Zusammenhang mit den Planungen notwendig wird, Gräber und Grabsteine zu beseitigen, dann wird die Käuferin dabei mit der erforderlichen Pietät vorgehen und um die Erhaltung geschichtlich oder familiengeschichtlich wertvoller Grabsteine ebenfalls besorgt sein.

– Falls die spätere Verwendung der Friedhöfe die Beseitigung von Knochenresten erfordert, werden die Knochenreste in Säcken oder Tüten gesammelt und auf einem jüdischen Begräbnisplatz wieder beigesetzt werden. Die Kosten hierfür trägt die Käuferin. Sie wird, falls dies möglich sein wird, Vertreter der Verkäuferin zu der Wiederbeisetzung heranziehen.

– Falls eine Wiederbeisetzung von Leichenresten, für welche die Liegezeit noch nicht abgelaufen ist, später aus jetzt unvorherzusehenden Gründen notwendig sein wird, wird die Käuferin auch bezüglich der Weiterverwendung und Wiederaufstellung der zu diesen Gräbern gehörenden Grabsteine ihrerseits auf ihre Kosten das Erforderliche veranlassen.«

Rettung durch Fotografieren

Die nach Abschluss des Vertrages sicher erscheinende Zerstörung der jüdischen Friedhöfe in Hamburg hatten Dr. Leo Lippmann und Dr. Max Plaut, beide Vorsteher des »Jüdischen Religionsverbandes in Hamburg e.V.«, sowie Hans W. Hertz, bis zu seiner erzwungenen Entlassung am 31.3.1934 Mitarbeiter im Hamburger Staatsarchiv, bereits Jahre vorher befürchtet. In geheimen Beratungen sollen sie 1939 beschlossen haben, nach dem Vorbild der fotografischen Erfassung der Grabsteininschriften des 1937 aufgehobenen Grindelfriedhofes eine Gesamtaufnahme aller älteren jüdischen Friedhöfe zu veranlassen. Zur Finanzierung dieses Vorhabens warben sie Spenden jüdischer und nichtjüdischer (!) Unternehmer und Firmen ein. Über sein Vorhaben äußerte sich Hans W. Hertz nach dem Kriege wie folgt:

»Meine langjährige, eingehende Beschäftigung mit den alten Friedhöfen Gross-Hamburgs hatte mich schon früh zu der Überzeugung geführt, dass eine Sammlung der sämtlichen, auf denselben befindlichen älteren Grabinschriften im Interesse der stadtgeschichtlichen und familienkundlichen Forschung unbedingt geboten sei [...] Die Erforschung jüdischer Familien- und Firmen-Zusammenhänge ist, wie jeder Sachkundige aus Erfahrung weiss, ohne das Inschriften-Material [...] kaum möglich. Überdies sind die jüdischen Grabsteine des 17. und 18. Jahrhunderts – angesichts des grossen Mangels an christlichen aus derselben Epoche – eine Quelle ersten Ranges zur Geschichte des deutschen Steinmetz-Handwerks. Ihre Aufnahme erschien daher aus sachlichen Gründen besonders wichtig.«

Bis zum Oktober 1942 waren die Aufnahmen auf den Friedhöfen Bismarckstraße (Ottensen), Königsreihe (Wandsbek), Am Schwarzenberg (Harburg) und Neuer Steinweg Nr. 74 abgeschlossen. Zu erfassen war mithin nur noch der Friedhof mit dem umfangreichsten Steinbestand – der Jüdische Friedhof in der Königstraße in Altona. Als die Fotografen O. Schwartz, A. Vinzelberg und H. Lindenhoven ihre Arbeit im Herbst 1942 aufnahmen, liefen die Verhandlungen um den Kaufvertrag bereits. Beunruhigt durch diese Aktivitäten wandte sich der Jüdische Religionsverband schriftlich mit der Bitte an das Liegenschaftsamt, die bereits begonnene Erfassung beenden zu dürfen. Dr. Lippmann wies in einem Schreiben auf das »wertvolle genealogische Material [hin], das auch von den Behörden zur Nachprüfung der Abstammung ständig benötigt wird«. Hans Hertz erfuhr von der Stadt, dass der Friedhof in »allernächster Zeit« genutzt werden sollte, um auf dem Gelände Lagerschuppen für eine benachbarte Fabrik zu errichten; außerdem waren ein Kinderheim für die Nationalsozialistische Volkswohlfahrt (NSV) sowie zwei bis drei Baracken für ausländische Zwangsarbeiter geplant.

ABB. 13 | *Das mit einer Löwenfigur geschmückte Wasserbecken stand früher am Eingang des Friedhofs. Der Löwe befindet sich heute im Altonaer Museum; das seit den 20er Jahren des 20. Jahrhunderts verkehrt herum aufgestellte Becken (!) soll in den nächsten Jahren auf dem Friedhofsgelände einen Platz finden.*

Angesichts dieser konkreten Absichten versuchte Hans W. Hertz eine Verlängerung der Frist für die fotografischen Arbeiten zu erreichen und den Transport der kulturhistorisch wertvollen Grabsteine vom Friedhof Königstraße auf den jüdischen Friedhof Ohlsdorf in die Wege zu leiten. Hertz erhielt zu diesem Zeitpunkt von unerwarteter Seite Unterstützung: Nach dem Abschluss der Verkaufsverhandlungen teilte das Reichssicherheitshauptamt (RSHA) in Berlin mit, dass sich das in Berlin ansässige Reichsinstitut für Geschichte des neuen Deutschlands (RIGND) für die im Verkaufsangebot mitaufgeführten jüdischen Friedhöfe interessiere, um das historische und anthropologische Material der Judenfriedhöfe in Deutschland zu sichern. Vor der Aufhebung der jüdischen Friedhöfe seien »Feststellungen« geplant. Dabei sollte es sich nicht nur um genealogische, den Grabsteinen zu entnehmende Erkenntnisse handeln, »sondern auch um rassekundliche Feststellungen, für die Exhumierungen notwendig werden. Es sollen insbesondere Schädel- und sonstige Knochenmessungen erfolgen, und zwar diese zur Hauptsache an solchen Leichenüberresten, die aus dem frühesten Zeitalter stammen.« Die Mitarbeiter des Reichsinstituts für Geschichte des neuen Deutschlands verwiesen ausdrücklich auf die Unterstützung des Projekts durch »staatliche und Parteidienststellen« und die verständnisvolle Förderung des Vorhabens durch den Reichsführer SS Heinrich Himmler. Hans W. Hertz gelang es schließlich, eine »Schonfrist« für den Friedhof zu erwirken und mit der fotografischen Dokumentation der Grabsteininschriften fortzufahren. Nach den Bombenangriffen im Juli 1943 konnte die fotografische Erfassung erst im Mai 1944 fortgesetzt werden. 1943 wurden die Grabsteine vom Ostteil beiseite geräumt, um dort einen Tagesraum für die Belegschaft einer an der Kleinen Bergstraße befindlichen Fabrik zu errichten. Die zu diesem Zweck entfernten Grabsteine wurden in der Reihenfolge ihrer topographischen Lage auf einem freien Platz aufgestellt, um nach dem Krieg in der früheren Reihenfolge wieder aufgestellt werden zu können. Auch wurden einige Grabsteine willkürlich an anderen Plätzen neu gelegt. Auf dem portugiesisch-jüdischen Teil des Friedhofs wurden drei prächtige Zeltgräber von ihrem eigentlichen Liegeplatz entfernt, um über den liegenden Platten Wohnbaracken, vermutlich für Fremdarbeiterinnen, zu errichten. Doch ebenso wie auf dem Ostteil blieb es auch hier lediglich bei Vorarbeiten. Dem Reichsinstitut für Geschichte des neuen Deutschlands war es bis 1945 nicht mehr möglich, die beabsichtigten Exhumierungen zum Zwecke »rassekundlicher Vermessungen« durchzuführen. Die fotografische Erfassung des Friedhofs jedoch wurde mit Unterbrechungen bis Oktober 1944 fortgeführt und bis auf wenige Ausnahmen noch im Kriege fertig gestellt. Insgesamt liegen ca. 25.000 Aufnahmen vor, nicht fotografiert wurden die Grabsteine in Langenfelde (s. S. 207) und Ohlsdorf. Vom Jüdischen Friedhof Königstraße wurden 7.134 Aufnahmen angefertigt. Hans W. Hertz schätzte 1946, dass noch ca. 2.700 Grabsteine bzw. Steinfragmente aufgenommen werden müssten. Die Fotos sind heute in der Bildkartei des Denkmalschutzamtes erfasst. Jede dieser Aufnahmen hat damit einen selbstständigen Quellenwert, da sie einen Zustand dokumentiert, der inzwischen durch fortschreitende Verwitterung, zerstörende Luftverschmutzung und gewaltsame Eingriffe mehr oder weniger stark verändert wurde.

Nach dem Krieg befand sich der Friedhof in einem stark verwüsteten Zustand. Bei den Luftangriffen in den Jahren 1943 bis 1945 hatten Bomben und Sprengminen eine große Anzahl von Grabsteinen zerstört bzw. stark beschädigt. Trümmer der zerbombten Häuser an der Blücherstraße waren auf die nahe gelegenen Platten des Portugiesenteils gefallen. Weitere Grabsteine verschwanden später durch Einebnung im Erdboden, Vandalismus oder durch Diebstahl. Das eiserne Friedhofsgitter wurde Anfang des Krieges eingeschmolzen, so dass nach den Bombenangriffen 1943, bei denen sämtliche Häuser, die den Friedhof an den übrigen Seiten umgaben, Ruinen geworden waren, der Friedhof nach allen Seiten hin offen war. Der größte Teil der Schäden ist jedoch nach dem Krieg durch Luftverschmutzung und Düngemitteleinsatz, Vandalismus sowie durch Erschütterungen durch den S-Bahn-Verkehr entstanden. Nach dem Ende des Krieges wurden die Bombenschäden beseitigt und Grabsteine aus dem Boden gehoben und innerhalb der neuen Friedhofsgrenze aufgestellt, außerdem wurde eine neue Einfriedung hergerichtet. Der Eingang befand sich nicht mehr an der Blücherstraße, sondern jetzt am anderen Ende des Friedhofs beim ehemaligen Ostteil. Den Friedhof sicherte seit 1956 ein hohes, schlichtes Gitter auf einem Sockel und zwischen quadratischen Mittelpfosten. 1954 wurde mit der Fortführung der fotografischen Erfassung begonnen. Auf dem so genannten »Hamburger Teil« des Friedhofs (benutzt zwischen 1812 und 1835) hatten Jugendliche kurz vor Kriegsbeginn etwa zwei Drittel der Grabsteine zerschlagen und beiseite geschafft, um dort einen Fußballplatz anzulegen. Vieles spricht dafür, dass während der nationalsozialistischen Gewaltherrschaft Grabsteine vom Friedhof Königstraße als Bausteine Verwendung fanden bzw. von Bürgern gestohlen wurden. So wurde z.B. vor kurzem am niedersächsischen Elbufer die Grabstele des am 14.12.1644 in Hamburg verstorbenen Isaac Nunes aufgefunden. Der Stein hatte sich einer unter den Nationalsozialisten in Auftrag gegebenen Fotodokumentation zufolge bis Kriegsende auf dem Friedhof befunden (Abb. 12). 1960 wurde der Friedhof an der Königstraße unter Denkmalschutz gestellt.

Über die Steinmetzen, die die Grabsteine des 17. und 18. Jahrhunderts herstellten, ist kaum etwas bekannt. Es gab Altonaer Steinmetze, die immer wieder versuchten, durch Regierungsintervention die Altonaer Juden zu zwingen, ihre Grabsteine bei ihnen in Auftrag zu geben. Da es sich bei den Steinhauern um ein zunftfreies Gewerk handelte, wurde es zum Beispiel einem Altonaer Schutzjuden im 18. Jahrhundert gestattet, als Steinhauer zu arbeiten. Ob er jedoch für die Friedhöfe der Altonaer Gemeinde Steine anfertigte, muss offen bleiben. Erst im 19. Jahrhundert sind auch jüdische Steinmetzen nachweislich mit der Herstellung der Grabsteine für den Friedhof an der Königstraße befasst. | Bis zur Schließung des Friedhofs an der Königstraße 1870 war die Aufsicht über die formale und inhaltliche Gestaltung der Steine der Begräbnisbruderschaft und – in Zweifelsfällen – dem amtierenden Oberrabbiner unterstellt. Wenn auch in den früheren Jahrhunderten Konflikte um die Größe eines Grabsteins vorkamen und die Gestaltung und Dekoration von Grabsteinen Moden und Zeitströmungen unterworfen waren, so zeigen sich im 19. Jahrhundert in der Folge der Aufklärung individuelle Gestaltungswünsche, die erheblich von der Tradition abwichen und in einigen Fällen gegen inhaltliche Elemente des Judentums verstießen. Als zum Beispiel Gemeindemitglieder sogar die Angabe der bürgerlichen Zeitrechnung auf der Vorderseite des Steins verlangten, was von dem Oberrabbiner Jakob Ettlinger und der Beerdigungsbruderschaft untersagt wurde, griffen die Gemeindemitglieder zu Hammer und Meißel und brachten eigenhändig die Jahreszahl an, was später zur Entfernung des Steins durch die Hevra Kadisha führte. | 1830 wollte Ruben Isaac Schiff um die drei nebeneinander liegenden Gräber seiner Eltern und seines Bruders ein Gitter anbringen lassen. Derartige Begrenzungen eines Grabes waren in der ersten Hälfte des 19. Jahrhunderts noch nicht üblich und stellten daher eine Abweichung von der

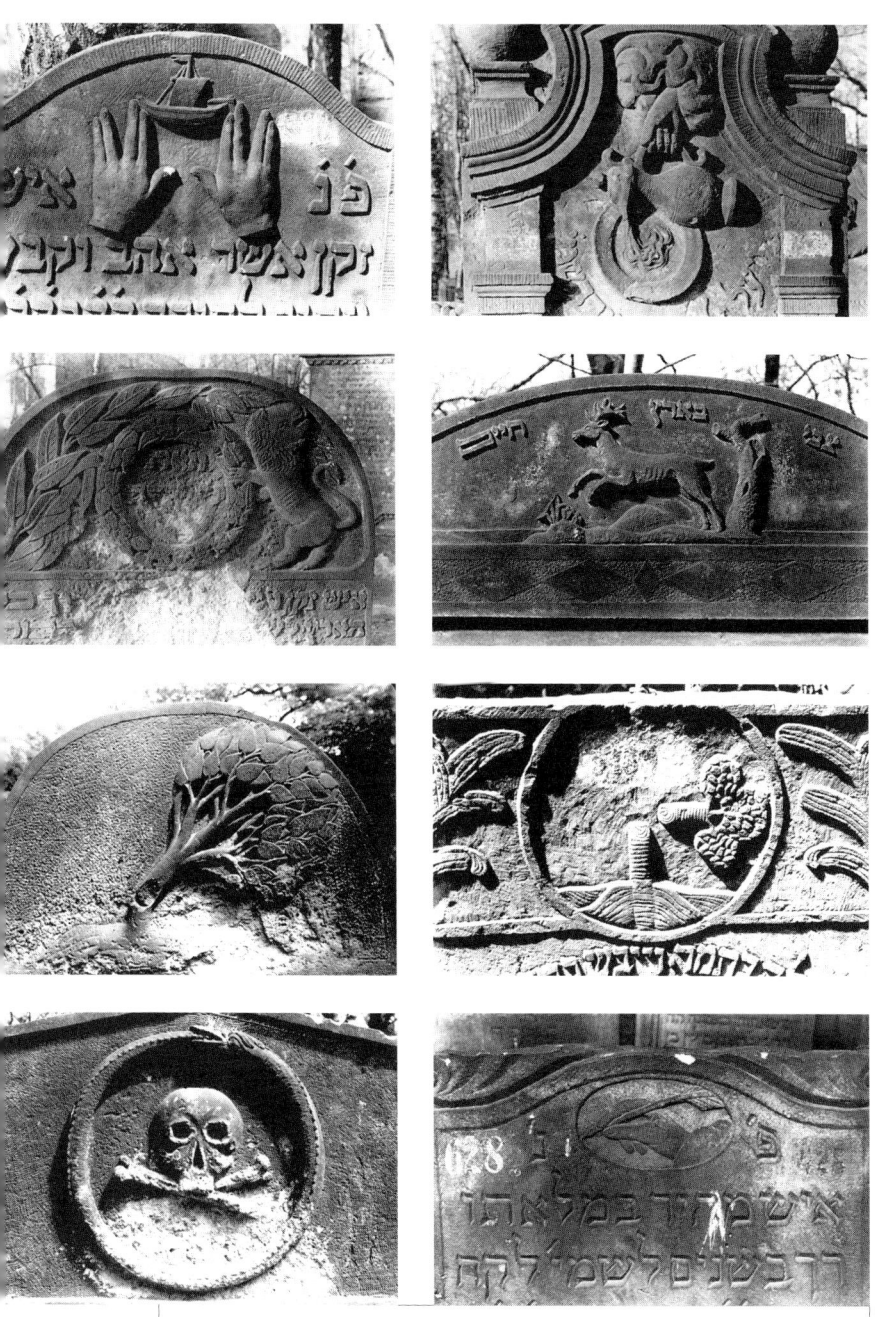

ABB. 14–21 | *Die Steine der Aschkenasen zeigen traditionelle Symbole wie Priesterhände und Levitenkanne, Tierdarstellungen, geknickte Bäume bzw. eine geknickte Rose als Symbol für ein zu früh vollendetes Leben, einen Totenkopf und eine Schreibfeder für einen Toraschreiber.*

Tradition dar. Das Ältestenkollegium war der Meinung, dass eine derartige Einrichtung eine unerwünschte Neuerung darstellen und zu viel Platz in Anspruch nehmen würde. Schiff legte nun Zeichnungen des Gitterwerks und eine Bescheinigung des Altonaer Rathsmaurermeisters vor, die belegte, dass der Zugang zu den benachbarten Gräbern trotz der Gitter nicht versperrt würde. Nachdem Schiff eingewilligt hatte, der Armen-Kasse der Gemeinde eine Summe von 25 Thalern zukommen zu lassen, erteilte ihm das Ältestenkollegium die Genehmigung für die Anbringung des eisernen Gitters und entschied, dass diese Genehmigung künftig auch für alle anderen Gemeindemitglieder gelten sollte. Später jedoch wurden eiserne Gitter als eine Verletzung des jüdischen Gesetzes bezeichnet, da kein Individuum das Recht habe, etwas gegen den Willen eines anderen zu errichten. Überdies hätten einige Trauernde die eisernen Gitter auch als ein Zeichen von Überheblichkeit gewertet. | Der im 19. Jahrhundert für die Hochdeutsche Israelitengemeinde Altona tätige Steinhauer Samuel Holländer wurde mehrfach der Übertretung von vermeintlichen oder tatsächlichen Anordnungen der Hevra Kadisha hinsichtlich der Breite, Gestaltung und Positionierung von Grabsteinen beschuldigt. So soll er eigenmächtig Grabsteine gesetzt und Beschriftungen bzw. Änderungen an Beschriftungen vorgenommen haben. Zum Eklat kam es 1869, als Holländer auf Wunsch von I. D. Heymann aus Hamburg auf den Gräbern von dessen Eltern die Grabsteine nicht wie üblich am Kopfende des Grabes, sondern in die Mitte des Grabes gesetzt hatte. Drei Mitglieder der Hevra entfernten sie von den Gräbern mit der Begründung, diese Art der Steinsetzung sei rituell unzulässig. Heymann schaltete einen Rechtsanwalt ein, der die Entfernung der Steine als ungesetzlich bezeichnete. Der um eine Entscheidung gebetene Oberrabbiner Jakob Ettlinger verkündete nun, dass es zwar nicht ungesetzlich sei, aber gegen die Tradition (Minhag) verstoße. Die Grabsteine wurden daraufhin am Kopfende des Grabes aufgestellt. |

Gaby Zürn |

Sterben, Tod und Trauer im Alltag der Hochdeutschen Israelitengemeinde Altona

Im Judentum wird der Mensch als Verkörperung seiner Seele betrachtet. Die Seele verlässt den Körper beim Tode, und ihr Schicksal hängt davon ab, ob der Verstorbene für sein irdisches Dasein bestraft oder belohnt werden soll. Dieser Vorstellung zufolge würde die Seele sogleich nach dem Tode gerichtet, zwölf Monate einem Läuterungsprozess unterworfen sein und anschließend in den Garten Eden eingehen. Der Bedeutung der Seele entspricht die Bedeutung des Leibes. Da der Mensch in seiner leiblichen Existenz die göttlichen Gebote auf Erden befolgt (oder auch nicht), sind Körper und Seele gleichermaßen verantwortlich für das menschliche Tun und haben in der Folge auch beide Lohn und Strafe über sich ergehen zu lassen. Dem Purgatorium der Seele nach dem Tod entspricht ein ähnlicher Vorgang für den Körper. Auch in der Frist zwischen Tod und Begräbnis kann man noch einen lindernden Einfluss auf dieses Purgatorium und damit auf das Schicksal der Seele nehmen, so z.B. durch die Verteilung von Geld an Arme. So wurde zum Beispiel in einigen Testamenten bestimmt, dass eine Summe aus dem Nachlass an Arme verteilt werden sollte. Oft entsprach die Höhe dieser Summe der Gematria (גימטריא), dem addierten Zahlenwert der hebräischen Buchstaben des eigenen Namens oder auch des hebräischen Worts für Seele »Neshama«. In seinem Testament aus dem Jahre 1820 legt Menachem Mann Moses Klif Folgendes fest: »Mein Name ist Menachem (Tröster) und soll meine Seele Ruhe und Trost finden, man soll abgeben von meinem Nachlass 138 Schillings Stücker so viel wie mein Name zählt. ... Mein Lebensbeschluss soll durch Zedaka ausgezeichnet sein.«

Die göttliche Vergeltung wird zum einen von den erworbenen Verdiensten des Verstorbenen bestimmt, also seinem irdischen Leben und dessen Bewertung vor den Gesetzen. Zum zweiten, und das macht die besondere Bedeutung der Trauerbräuche aus, bestimmt sich die göttliche Vergeltung durch die übertragenen Verdienste, also jene Taten, welche die Trauernden für den Toten und zur Unterstützung seiner Seele ausüben. Daher ist die wichtigste Hilfe, welche die Lebenden den Toten geben können, ein angemessenes Begräbnis und Gedenken. Die Bedeutung der übertragenen Verdienste basiert also auf der Annahme, dass die guten Taten der Lebenden und ihre im Namen des Verstorbenen gehaltenen Gebets- und Studienstunden der Seele des Verstorbenen von göttlicher Seite zuerkannt werden. Diese Vorstellungen gewinnt zentrale Bedeutung für den kollektiven wie auch den individuellen Umgang mit dem Tod. So schildert zum Beispiel Glikl Hamel in ihren bekannten Erinnerungen die beispielhafte Einhaltung der Trauervorschriften durch ihren Mann Chaim Hamel (s. S. 192, 194) anlässlich des Todes seines Vaters, Joseph Hamel:

»Meines Mannes Trauer und Schmerz ist nicht zu beschreiben. Gleich nach den sieben Trauertagen hat er sich zehn Talmudgelehrte gedungen und ein eigenes Zimmer in seinem Haus eingerichtet, worin man nur gemeinschaftlichen Gottesdienst abgehalten und Tag und Nacht nichts andres getan als Thora gelernt hat. Mein seliger Mann ist das ganze Trauerjahr nicht aus dem Haus gekommen (d.h. nicht weggereist), um nur keinen Kaddisch zu versäumen. Zwölf Wochen nach dem Tode meines Schwiegervaters war mein Schwager Isaak Hamel in Wesel, wo sein Sohn Samuel Hochzeit machte. Von da aus reiste er nach Hannover, um das Grab des Vaters zu besuchen, und die anderen Brüder kamen auch dorthin und schrieben an meinen Mann, er solle auch sogleich nach Hannover kommen. So ist der denn am anderen Tag in der Frühe aufgestanden und nach Harburg gefahren. Er hatte so viele Leute bei sich, dass er Gebetsversammlung (Minjan: zehn im religiösen Sinne volljährige Männer, die zur Abhaltung eines jüdischen Gottesdienstes nötig sind) halten konnte, und er hat auf der ganzen Reise kein Kaddisch-gebet versäumt, wenn es ihn auch viel Geld gekostet hat.«

Beerdigungsbruderschaften

Im ausgehenden Mittelalter entstanden die so genannten Beerdigungsbruderschaften, deren Aufgabe die Betreuung Kranker und Sterbender war, die sich aber ganz besonders um die Bestattung der Verstorbenen und die Hilfe für die Hinterbliebenen bemühten. In Erfüllung des weisen Königs »Der Lebende nehme sich den Tod zu Herzen« (Prediger 7, 2) wird diese Tätigkeit als eine Herzenspflicht und als ein Liebesdienst angesehen, eine Mizva (מצוה), die auf drei Säulen ruht: Teshuva (תשובה), Umkehr und Buße; Tefilla (תפילה), Gebet, und Zedaka (צדקה),Wohltätigkeit. Spätestens seit dem 18. Jahrhundert gab es in Deutschland in jeder jüdischen Gemeinde eine solche »Heilige Gesellschaft« (חברה קדישא). Zu ihren Aufgaben gehörten die Betreuung des Sterbenden, die Waschung der Leiche und ihre Herrichtung für die Beerdigung, die Totenwache, die Zuweisung einer Grabstelle, die Anstellung eines Totengräbers, die Durchführung der Beerdigung und die Sorge um die Hinterbliebenen.

Das genaue Gründungsdatum der auch einfach »Beerdigungsbruderschaft« genannten Vereinigung in Altona ist nicht bekannt, sie ist jedoch bereits 1685 aktiv, kodifizierte Statuten sind seit 1710 überliefert. In 52 Paragraphen werden Organisation und Aufgaben der Hevra aufgelistet, die bis ins 19. Jahrhundert in modifizierter Form noch in Kraft waren. In den Statuten wurden die Struktur der Beerdigungsbruderschaft sowie die Rechte und Pflichten der Gabaim (גבאים), Vorsteher, und der Shamashim (שמשים), Boten oder Gemeindediener, exakt festgelegt. Die Anzahl der Mitglieder dieser Vereinigung war auf 45 begrenzt, entsprechend dem Zahlwert von

»lev ehad« (לב אחד‎), »ein Herz«. Mitglied konnten nur verheiratete Männer werden, die auch Mitglieder der Altonaer Gemeinde waren. Ein fünfköpfiges Vorstehergremium verwaltete die Gelder und legte die Aufgaben der in Altona und in ihrer Filialgemeinde Hamburg tätigen Vereinigung fest. Unterstützt wurden sie hierbei von angestellten Shamashim. Die 45 Mitglieder bestanden aus Mishmorot (מישמורות‎), Wachen, denen jeweils ein Gabai (גבאי‎) vorstand und ein Shamash (שמש‎) zugeordnet war, die bei einem Todesfall zur Durchführung der rituellen Reinigung des Leichnams (טהרה‎), des eigentlichen Begräbnisses (קבורה‎) und der Trauergebete bestimmt wurden. Mitglieder, die ihren Pflichten ohne triftige Begründung nicht nachkamen, wurden mit einer Geldstrafe belegt. Mit der Sorge für Kranke, Sterbende, Tote und Trauernde waren in Altona in jener Zeit unterschiedliche Organisationen befasst. Für die Versorgung von Kranken und Sterbenden war die Hevra Kadisha deBikur Holim (חברא קדישא דביקור חולים‎) oder »Heilige Vereinigung für Krankenbesuch« zuständig. Sie widmete sich vor allem der Pflege armer Gemeindemitglieder. Die Vereinigung, die sich mit der Waschung, der Einkleidung und der Beerdigung der Toten befasste, war in Altona die Hevra Kadisha deKabronim oder »Heilige Vereinigung der Totengräber«.

Mit der meist nur unter der Bezeichnung Hevra Kadisha de-Kabronim geführten Beerdigungsbruderschaft begründete das aschkenasische Judentum im 16. Jahrhundert eine Institution, welche die praktischen und spirituell-religiösen Bedürfnisse zur Bewältigung von Sterben und Tod erfüllen sollte. Die Hevra engagierte sich in der pflegerischen Fürsorge für Kranke, der Betreuung der Sterbenden, der Durchführung der Beerdigung, der Verwaltung der Friedhöfe und der Gestaltung der üblichen Trauerzeit, bis die Angehörigen des Verstorbenen diese Aufgabe übernehmen konnten. Diese Aufgaben wurden von den Mitgliedern der Bruderschaft auf freiwilliger Basis erfüllt, ihnen kam in der jüdischen Ethik eine hohe Bedeutung zu. Je nach Größe einer Gemeinde variierten auch die Größe der Hevra und die Ausdehnung ihres Aufgabengebiets. Beerdigungsbruderschaften großer Gemeinden verfügten über angestellte Ärzte, unterhielten Studien- und Gebetsgruppen für ihre Mitglieder und verrichteten über den Aufgabenbereich der Hevra hinaus weitere wohltätige Aktivitäten, wie etwa die materielle Unterstützung armer Gemeindemitglieder. Die Stellung der Hevra in einer jüdischen Gemeinde des 17. Jahrhunderts war durch die Macht über die »rites de passage« des Todes gekennzeichnet. Damit nahm sie auf praktischer wie auch auf spiritueller Ebene eine zentrale Position ein. Wie weit ihre Macht reichte, zeigte sich, wenn sie Gemeindeangehörigen im Falle abweichenden Verhaltens, von Denunziation und ähnlichen Vergehen ihre Dienste verweigerte. Damit übte die Hevra über den institutionellen Rahmen der Bruderschaft hinaus in die Gemeinde hinein eine nicht zu unterschätzende disziplinierende Funktion aus. Die Gemeindeverwaltungen akzeptierten diese Autorität weit gehend, sie stützten sie und übertrugen der Hevra sogar einen Teil ihrer eigenen Sanktions- und Disziplinargewalt zur Durchsetzung anderer Auflagen.

Der weit reichende Einfluss einer Hevra lässt sich exemplarisch an folgender Begebenheit Ende des 17. Jahrhunderts nachvollziehen. 1695 stirbt das Altonaer Gemeindemitglied Israel David, der seit ca. 1684 bis zu seinem Tode in Kopenhagen Hofjuwelier gewesen war. Seine Familie überführte ihn zur Beerdigung nach Altona, wo ihm allerdings ein »schlechter« Platz auf dem Friedhofsgelände zugewiesen wurde. Die Familie versuchte nun mithilfe des Altonaer Oberpräsidenten wie auch des dänischen Königs, diese als Schande empfundene Beisetzung abzuwenden, und unternahm alles, um eine bessere Grabstelle für Israel David zu erzwingen. Einen Monat später, Israel David war bereits an der ihm zugewiesenen Stelle begraben, wurden durch eine staatliche Kommission sein Grab zur Beurteilung in Augenschein genommen und zudem Aussagen der Verwandten wie auch der Gemeindeältesten zum Ablauf der Ereignisse eingeholt. Die Kommission schien von der Intention der Altonaer Gemeindeältesten überzeugt zu sein, durch die Beisetzung Davids an einem schlecht angesehenen Ort auf dem Friedhof dem Verstorbenen und dessen Familie bewusst eine Kränkung zuzufügen. Dafür wurde das Ältestenkollegium zur Strafe sowie als

Warnung für die Zukunft zur Zahlung der beträchtlichen Summe von 1.200 Reichstalern angewiesen. 1.000 Reichstaler sollten für den Neubau der Kirche in Rendsburg und 200 Reichstaler für die Instandsetzung des Altonaer Kirchturms verwendet werden. Zudem wurde angeordnet, dass »sodann zu Reparierung der Beschimpfung, so man dem Verstorbenen thun wollen, der eine Eltiste Salomon Salomonsen, wie er sich selbst dazu erboten, an der Stelle, so Er des Verstorbenen Cörper ausgewiesen, nach seinem tödtl. Abgang begraben werde«.

Hintergrund dieser posthumen Bestrafung und der Beleidigung der Angehörigen Israel Davids war eine Anzeige aus dem Jahr 1679, die Israel David gemeinsam mit zwei anderen Gemeindemitgliedern beim dänischen König Christian V. gemacht hatte. Darin wurde behauptet, dass in der Hochdeutschen Judengemeinde »das königliche Interesse vielfältig verabsäumet und demselben zuwidergehandelt worden« sei. Konkret ging es dabei um den Erlass von Bannsprüchen.

Nach einer Untersuchung, die Israel David gemeinsam mit seinen Mitanzeigern und einem königlichen Beamten durchgeführt hatte, trat ein Teil der Gemeindeältesten zurück, und andere mussten, nach einer kurzzeitigen Verhaftung aus dem Pessachgottesdienst in der Synagoge heraus, ein hohes Bußgeld bezahlen. Außerdem ließ der Altonaer Präsident die Bannsprüche, die dem königlichen Interesse entgegenwirkten, aufheben und untersagte die Verhängung neuer Bannsprüche.

Hier handelte es sich also um eine späte, aber umso wirksamere Rache für eine von den Gemeindeältesten als Denunziation empfundene Anzeige. Ein Jahr später allerdings, Salomon Salomonsen war inzwischen gestorben, kam sein Schwager Meyer Goldschmidt um die Aufhebung der Strafe nach und bat um die Genehmigung, Salomonsen in seinem – Goldschmidts Grab – begraben zu dürfen. Diese Bitte wurde gewährt, doch mit der Auflage versehen, dass dies weder eine Kränkung der Verwandten von Israel David sein dürfe noch ein Präjudiz für zukünftige Beerdigungen darstellen dürfe.

Die Hevra Kadisha deKabronim ist bis weit ins 19. Jahrhundert hinein für die Disziplin auf dem Friedhof wie auch für dessen Instandhaltung zuständig. Sie hält am Vorabend des ersten Adar jeden Jahres (dies entspricht ungefähr dem Februar / März im gregorianischen Kalender) ein gemeinsames Fasten und Gebet in der Altonaer Synagoge ab. Danach gehen die Mitglieder zusammen mit dem amtierenden Oberrabbiner auf den Friedhof an der Königstraße, wo der Rabbiner einen »erbaulichen« Vortrag hält. Im Anschluss daran müssen die Angehörigen der Hevra die Verstorbenen für eventuelle unwürdige Behandlung um Verzeihung bitten. Zusätzlich zu ihren eigenen Pflichten hat die Hevra eine besondere Aufgabe übernommen: Im Rahmen der jüdischen Wohltätigkeit, der Zedaka (צדקה), spendet die Hevra jedes Jahr einen Betrag von 18 Mark für den Brautausstattungsverein (die Zahl 18 entspricht dem Zahlwert des Wortes חי (»lebendig«)). Dieser Verein gibt nach einem festgelegten System den Töchtern armer Gemeindemitglieder Geld zur Finanzierung der Brautausstattung. Damit schafft die Gemeinschaft jungen Paaren die materielle Basis für eine Ehe. Mit der Eheschließung wird nicht nur die physische Reproduktion auf eine legale Basis gestellt, sondern auch die soziale Reproduktion der Gemeinde abgesichert, denn der Zutritt zu den meisten Gemeindeämtern ist allein verheirateten Männern vorbehalten.

Die zentrale Stellung der Begräbnisbruderschaft nimmt im 19. Jahrhundert ab, bis aus der »Heiligen Vereinigung« nur noch ein Verein unter vielen in einer Gemeinde geworden ist. Nach und nach übernimmt die Gemeindeverwaltung Aufgaben der Vereinigung, wie etwa die Überwachung der Friedhöfe. Anders als noch im 18. Jahrhundert akzeptieren Gemeindemitglieder die Vorgaben der Tradition nicht mehr widerspruchslos. Die spirituell-religiöse Sorge für Sterbende und Tote stößt zudem auf immer geringeres Interesse. Für die rituellen Aufgaben sind immer weniger Gemeindemitglieder vorhanden, sie sind meist sehr alt und vielfach nicht mehr in der Lage, körperlich anstrengende Arbeiten zu verrichten. So wird schließlich neben dem bis dahin amtierenden Boten ein zweiter eingestellt, der zahlreiche Aufgaben der Hevra-Mitglieder übernimmt. 1870 schließlich, mit der Eröffnung des neuen Gemeindefriedhofs am Bornkampsweg, wird ein bezahlter Friedhofsaufseher für alle Friedhöfe der Hochdeutschen Israelitengemeinde Altona eingestellt (Königstraße, Anteil in Ottensen, Bornkampsweg, s. S. 208). Er gehört nicht der jüdischen Religion an und erledigt bis auf die Durchführung der spirituellen Sterbebegleitung, der Tahara und der Gebete alle anderen Aufgaben der Hevra zusammen mit der Gemeindeverwaltung.

Die Sorge für das Seelenheil des Verstorbenen wurde nicht nur von den großen Bruderschaften und den Angehörigen übernommen. Durch Testamente war es dem Einzelnen möglich, Gebets- und Studienstunden für sein eigenes Seelenheil zu stiften. Hierfür erhielten jüdische Vereinigungen, die über ein eigenes regelmäßiges Gebetsquorum verfügten und oft auch eine eigene kleine Synagoge hatten, wie die Klausstiftung, der Verein für Waisenerziehung, der Frühbeterverein oder die Mitternachtsgesellschaft ebenso wie der bereits genannte Verein für Krankenbesuch, die Beerdigungsbruderschaft und der Leichenbegleitungsverein einmalige Spenden oder regelmäßige Zuwendungen in Form eines Fonds. Diese Vereinigungen waren im Gegenzug dann verpflichtet, entsprechend dem Vermächtnis für das Seelenheil des Verstorbenen in den ersten Trauerphasen (Shiva, Sheloshim und Trauerjahr), am Jahrzeittag oder an anderen vom Testator bestimmten Tagen in seinem Namen zu beten und religiöse Bücher zu studieren. Eine weitere Möglichkeit der Vorsorge für das eigene Seelenheil waren Spenden für wohltätige Organisationen. Diese spirituell-karitative Infrastruktur basierte auf dem Prinzip der Zedaka, die Reiche und Arme als Teil der göttlichen Ordnung begreift, jeweils versehen mit der Verpflichtung, zu geben und zu empfangen, wobei der Reiche für seine Gabe gesegnet wird.

Die übliche Trennung der Geschlechter wird auch bei Krankheit und Tod weit gehend aufrechterhalten. So war es in Altona üblich, dass Frauen an den Beerdigungen nicht teilnahmen. Parallel zu der rein männlichen Beerdigungsbruderschaft war jedoch auch eine »Schwesternschaft« tätig. Quellen zur Struktur der weiblichen Sektion existieren nicht, einzelne Namen sind jedoch ausfindig zu machen. Unter Umständen waren die Frauen zunächst nicht in einer eigenen Hevra verbunden, sondern wurden bei Bedarf gerufen, wie es z.B. um 1666 bei den Sefarden üblich war. Auch wenn Geldspenden der Frauenvereinigung für ein Begräbnis oder eine Todesanzeige belegt sind, so kommt besonders Grabinschriften eine besondere Bedeutung zu. Allgemeine Hinweise auf die generelle Beteiligung von Frauen am Beerdigungswesen gibt z.B. das 1740 in Altona gedruckte Begräbnismanual Sefer Refuat haNefesch. Hier findet sich im zweiten Teil eine jüdisch-deutsch (auch »waiber-taitsch« genannt) verfasste Version der durchzuführenden Rituale, die traditionell von Frauen benutzt wird. Ein eindeutiger Hinweis auf die Existenz einer weiblichen Beerdigungsgesellschaft in Altona ist die Almosenbüchse der Altonaer weiblichen Beerdigungsgesellschaft von 1854, die im Israel Museum in Jerusalem ausgestellt ist und auf der die Namen der damaligen Mitglieder eingraviert sind.

Da die Frauen entweder mit dem Namen des Ehemannes oder ihres Vaters angeführt werden, ist es bei einigen gelungen, ihren biographischen und sozialen Hintergrund ein wenig zu erhellen. Für diese Frauen gilt, dass sie in einem gesetzestreuen Umfeld leben und dass z.T. auch ihre Männer in der männlichen Sektion der Hevra Funktionen innehaben. Auch auf Grabsteinen finden sich Hinweise auf die Funktionen der Frauen in der Hevra, so zum Beispiel auf dem Grabstein der 1847 gestorbenen Jochebed, Tochter von Isaak Leidesdorf und Ehefrau von Tebel Elb, Gabait (Vorsteherin) der Hevra Kadisha der Frauen.

Auf dem Deckel der Büchse sind folgende Namen verzeichnet: Rechel, Witwe von Wolf Juspa Bendix, Deputierter der Hevra Kadisha deKabronim, der 1827 das neue Statuten- und Protokollbuch verfasste. Im Grabbuch wird sie als Tochter von Hirsch Elmshorn geführt, vermutlich war sie eine Schwester von Herz Hirsch Elmshorn alias Naftali Hirz Moses ben Hirsch Lazarus, der bis 1864 Gabai der Hevra Kadisha deKabronim war. An zweiter Stelle der Namensliste steht Pesche / Betty Lazarus, Frau von Ira-Hartwig Lazarus. Dieser wurde ab 1847 regelmäßig zum Gabai der Hevra Kadisha deKabronim gewählt. Damit wäre Rechel Bendix ihre Schwägerin. An dritter Stelle steht Scheine Rachel, Frau von Elias Munk Cohen. Elias Munk gehörte zur Gruppe der Gemeindeangehörigen, die 1863 versuchen, per Petition die Beibehaltung der religiösen Eheschließung bzw. -scheidung in einem zukünftigen Emanzipationsgesetz zu bewirken. Zudem schrieb er in der von Oberrabbiner Jakob Ettlinger herausgegebenen Zeitschrift »Der Treue Zionswächter«, dem Organ der deutschen Orthodoxie des 19. Jahrhunderts. Als vierte Frau wird die Vorsteherin Ester, Witwe von Elchana / Elkan genannt. Von Ester Elkan wissen wir, dass sie Weinhändlerin war. Ihr folgen: Hanna, Witwe des Schlachters Moses, Sohn des Zion, die Vorsteherin Ixte / Jette, Tochter von Leib Halberstadt, und schließlich als siebte: Pesche-Betty, Tochter von Michael Wagner. Zum Abschluss der Namensliste wird aus Richter, Kap. 5, Vers. 4 zitiert (in wörtlicher Übersetzung): »unter den Frauen im Zelt soll sie gesegnet sein«. Im hebräischen Original heißt »Zelt« »Ohel«, was zugleich auch die Bezeichnung für den Raum oder das Gebäude ist, in dem die Toten gewaschen und für die Beerdigung vorbereitet werden. In einem Schreiben äußern die Vorsteherinnen des »Frauen-Beerdigungs-Vereins« 1858 an den Gemeindevorstand die Bitte, das »Leichen-Waschhaus« im Krankenhaus zu vergrößern. Jette Halberstadt, Ester Elkan und Betty Lazarus schrieben an den Gemeindevorstand, das Bet Metaher im Krankenhaus müsse vergrößert werden, da man während der Wachen von 24 bis 36 Stunden darin keinen Sitzplatz einrichten könne und deswegen Schwierigkeiten habe, die entsprechenden Wächter zu finden. Bei den drei unterzeichneten Vorsteherinnen handelt es sich allesamt um Frauen, die auf der oben beschriebenen Almosenbüchse aus dem Jahr 1854 verzeichnet sind. Wegen der Enge im Leichenwaschhaus sei es überdies kaum möglich, die Tahara richtig durchzuführen – man müsse sich regelrecht aneinander vorbeidrängen. Das Raumproblem und die daraus resultierende Personalnot der Frauen-Hevra wird erst nach dem Verbot der frühen Beerdigung entstanden sein, da Wachen zuvor selten nötig waren. Diese Klage wurde vom Ältestenkollegium zur Beurteilung an das Armenkollegium als der Verwalterin des Hekdesh (jüdisches Armenhaus) gegeben. Mit der Begründung, dass in letzter Zeit sogar zwei Wächter im Leichenwaschhaus Platz gefunden hätten, verwarf diese jedoch das Ansinnen des Frauenbeerdigungsvereins. Über eine Äußerung der Hevra der Männer zu dieser Angelegenheit ist nichts bekannt. Bei Begräbnissen von Frauen kooperieren die Verbände, da die Gräber von den Männern der Vereinigung gegraben und die Särge von den Mannern getragen werden.

Scheintod

Das 19. Jahrhundert zeichnet sich durch vielfältige kulturelle, politische und soziale Veränderungen aus, die sich im Alltag der jüdischen Gemeinden und ihrem Umgang mit dem Tod niederschlagen. Grundsätzlich ist es bis weit ins 19. Jahrhundert üblich, Tote innerhalb weniger Stunden nach dem festgestellten Tod zu begraben. Begründet wird dieser Brauch damit, dass es eine Schande für den Toten sei, länger unbegraben liegen zu bleiben. Am Schabbat und an Feiertagen jedoch werden Einschränkungen hinsichtlich der raschen Beerdigung gemacht. Zur einwandfreien Klärung der Frage, wie an Schabbat und Feiertagen mit einem Toten verfahren werden soll, wendet sich die Begräbnisbruderschaft 1746 an den Oberrabbiner und Vorsitzenden des Altonaer Jüdischen Gerichts, Jecheskel Katzenellenbogen (s. S. 156, 173). Er entscheidet, dass man einen Toten bei religiösen Festtagen, die mehrere Tage dauern, unter der Bedingung beisetzen darf, dass kein Grabhügel aufgeworfen wird.

Auch im Dreigemeindeverband AHU wird im 18. Jahrhundert die bereits vor der Aufklärung virulente Angst vor dem »Scheintod« zu einer viel diskutierten Frage. Dänische wie hamburgische von den Ideen der Aufklärung bewegte Verwaltungsbeamte versuchen den jüdischen Gemeinden eine längere Frist zwischen Tod und Begräbnis vorzuschreiben. Aus Mangel an Durchsetzungswillen und fehlender jüdischer Akzeptanz scheitert dieses Vorhaben zunächst. 1804 jedoch gründen 50 Mitglieder der Gemeinden in Hamburg und Altona eine »Neue Beerdigungsgesellschaft«, die sich zum Ziel setzt, mit staatlicher Unterstützung eine individuelle Regelung der Begräbnisfrist zu ermöglichen. Dies erreicht die Neue Beerdigungsgesellschaft auch, und in der Folgezeit müssen die Gemeindeverwaltung und die traditionelle Hevra Kadisha tolerieren, dass auf dem Begräbnisplatz an der Königstraße Tote begraben werden, die ihrer Auffassung nach als Gesetzesübertreter anzusehen sind. In Altona wird die verlängerte Begräbnisfrist 1811 durch ein dänisches Gesetz für Juden formal die Regel. Nach der Trennung der Altonaer Gemeinde in ihre beiden territorialen Niederlassungen verbleiben die Mitglieder der »Neuen Beerdigungsgesellschaft« in Hamburg. In Altona wird erneut eine individuelle Regelung der Begräbnisfrist möglich, dadurch, dass der dänische König denjenigen, die es vor ihrem Tode so verfügt hatten, gestattet, innerhalb weniger Stunden beigesetzt zu werden. Dennoch haben einige Gemeindemitglieder in ihren Testamenten ausdrücklich angeordnet, wie lange die Frist zwischen ihrem Tod und dem Begräbnis sein soll. Direkt nach der ersten Verfügung zur Begräbnisfrist im Jahr 1811 schrieb Wolf Abraham Heilbut in sein Testament: »Wenn ich sterbe und der Herr meine Seele zu sich nimmt, soll man verschieben das Begräbnis meiner Hülle mindestens zwei Mal von Mal zu Mal nach meinem Verscheiden.« Differenzierter wünschte sich Joel Jehuda Goldschmidt 1818 die Beachtung der neuen Erkenntnisse zu Scheintod und Begräbnisfrist: »Ich möchte noch bitten, wenn ich durch meine Krankheit sterbe, soll man mich ohne Beerdigung 48 Stunden liegen lassen, aber wenn ich plötzlich sterben werde, dann soll man mich nicht beerdigen, sondern nach drei Tagen nach dem Verlassen meiner Seele ...« Die Akzeptanz der verlängerten Frist zwischen Tod und Begräbnis in der Hochdeutschen Israelitengemeinde Altona lässt sich an der stetigen Zunahme von Grabsteininschriften im 19. Jahrhundert ablesen, die das Verstreichen eines Tages zwischen Tod und Begräbnis erkennen lassen. Dennoch gab es einige Mitglieder der Gemeinde Altona, die auch in späteren Jahren ihren Testamentsvollstreckern die Überwachung der Einhaltung einer verlängerten Begräbnisfrist zur Pflicht machten. So legt Edil Levy 1848 in ihrem Testament fest: »Ich verordne und verfüge also hiermit, mit aller Rechtskraft, die den Bestimmungen eines zu Recht bestehenden Testaments beiwohnt, dass nachdem der allmächtige Schöpfer in Seiner Allbarmherzigkeit über mich verfügt und meine unsterbliche Seele die körperliche Hülle verlassen haben wird, mein Leichnam nicht früher zur Erde bestattet werden soll, als bis nach dreien Tagen nach meinem Hinscheiden und mache ich es den von mir eingesetzten Exekutoren meines Testaments zur Pflicht, dafür zu sorgen, dass diese meine Anordnung vollzogen wird.« Der Privatier Samuel Zalman Warburg legt 1858 besonderen Wert auf die folgende Bestimmung: »Selbst wenn mein Ableben zu einer Zeit erfolgt, dass durch diese drei Tage, jüdischer Feiertage halber, meine Beerdigung noch länger als drei mal 24 Stunden ausgesetzt werden müsste, darf von dieser meiner bestimmenden Vorschrift nicht abgegangen werden.«

Und Nache Cohen legt großen Wert auf die Unterstützung eines Waisenjungen in ihrem Testament 1841:

»Es sollen in der Zwischenzeit meines Hinscheidens und meines Begräbnisses / בין מיתה לקבורה / vier Schriftgelehrte / תלמדים / die üblichen Lehrvorträge halten wofür einem Jeder von ihnen eine Summe ... Es soll ein Waisenknabe aus dem Verein zur Erziehung armer Waisen / ח"ק מגדלי יתומים / von den Vorstehern des Vereins gewählt werden, welcher sowohl in der Betstunde in den 30 Trauertagen / שלושים / als das ganze Trauerjahr in den Bethause des Vereins zu meinem Seelenheil das Kaddisch-Gebet / קדיש / verrichten. [Dafür soll er eine Summe erhalten, die ihm zur Bar Mizwa ausgezahlt werden sollte] ... Es soll in den 30 Trauertagen nach meinem Ableben ... in meinem Sterbezimmer des Morgens und Abends Betstunde gehalten werden / ... Es soll im Laufe des ganzen Trauerjahres nach meinem Ableben zum Andenken meiner Seele ein immer brennendes Licht unterhalten werden ...«

Tod und Bestattung

Ein Sterbender wurde in seinen letzten Stunden nicht allein gelassen. Meist waren zwei bis vier Mitglieder der Hevra deBikur Holim oder der Hevra Kadisha deKabronim anwesend und bereiteten den Sterbenden mit Gebeten auf seinen Tod vor. Sofern es möglich ist, fordern sie ihn auf, ein Testament aufzusetzen und ein Sündenbekenntnis וידוי (Vidui) aus der Liturgie des Versöhnungstages abzulegen und ein Glaubensbekenntnis zu sprechen. Steht der Tod unmittelbar bevor, wird das שמע ישראל (Shema Israel), das jüdische Glaubensbekenntnis, gesprochen. Es ist nicht üblich, die Trauernden zu trösten, solange der Tote nicht beerdigt worden ist: »Tröste den Trauernden nicht, solange sein Toter vor ihm liegt« (Mishna Avot 4, 23). Die Hamburger Kauffrau Glikl Hamel schildert in ihren bekannten Erinnerungen den Tod ihres Mannes, Chaim Hamel (s. S. 194), 1689 mit folgenden Worten:

»Dann sagte er zu Feibusch, man solle ihm das Werk des gelehrten Reb Jesaja geben. Aus diesem hat er etwa eine halbe Stunde gelernt; dann sagte er zu Reb Feibusch und unserem Hauslehrer: ›Wisst ihr nicht wie es mit mir steht? Lasst meine Frau und meine Kinder herausgehen; es ist hohe Zeit.‹ Da hat uns Reb Feibusch förmlich mit Gewalt herausgestoßen. Darauf hat Reb Feibusch noch das eine oder andere mit ihm reden wollen; aber er hat ihm nichts mehr geantwortet und hat nur in sich hinein geredet; man hat nur gesehen, dass seine reinen Lippen sich regten. Das hat ungefähr eine halbe Stunde gedauert: da sagte Feibusch zu Abraham Lopez: ›Lege dein Ohr mal auf Chaim Hamels Mund, ob Du hören kannst, was er sagt.‹ Lopez tat so und hörte nach einer kleinen Weile, wie er die Worte sagte: Höre Israel, der Ewige ist der Einig-Einzige. Damit ist ihm der Atem stehen geblieben und er hat seine reine Seele ausgehaucht.«

Zur Feststellung des Todes kontrollierten die anwesenden Wachen – sie sind entweder Mitglieder der Vereinigungen Bikur Holim oder Kabronim – z.B. mit einer Feder oder einem Spiegel die Atmung. Bis zur Mitte des 18. Jahrhunderts wurde der Tod durch den negativen Ausfall der Atemprobe, allgemeine Pulslosigkeit, Blässe und Kälte der Haut, Augenveränderungen sowie Totenflecken und Totenstarre festgestellt. Fiel die Atemprobe negativ aus, schloss man dem Toten die Augen und sprach den Segensspruch »Gelobt sei der wahrhafte Richter«. Dann hoben die Wachen den Leichnam vom Bett und legten ihn mit den Füßen zur Tür auf den Boden und bedeckten ihn mit einem weißen Laken. Im Allgemeinen wurde die Beisetzung innerhalb von sechs Stunden durchgeführt. Wenn aber jemand kurz vor Anbruch eines Feiertages oder an einem Feiertag verstarb, wurde die Beerdigung wegen der Heiligkeit des Tages verschoben.

Um die rituelle religiöse Reinigung durchführen zu können, verbrachten die hierfür eingeteilten Hevra-Mitglieder den Leichnam in das Ohel von Altona. Bei einem Ohel (hebr. Zelt) handelte es sich um ein Gebäude bzw. einen Raum, seit dem 19. Jahrhundert häufig auf dem Friedhofsgelände, in dem die Leiche aufgebahrt wurde. Dieser Raum wurde auch als Metaher-Raum (מטהר) genutzt, in dem das Waschen des Toten vorgenommen wurde. In diesem Raum befanden sich ein Ofen zur Erwärmung des Wassers sowie ein Waschtisch von einem Meter Höhe, der zur Eingangstür ausgerichtet und leicht geneigt war, um das Wasser abfließen lassen zu können. Auf dem Tisch wurde der Leichnam von acht Hevra-Mitgliedern sorgfältig mit lauwarmem Wasser gewaschen, wobei der Körper bedeckt blieb und immer nur der gerade zu waschende Körperteil aufgedeckt wurde.

Als Begründung für die rituelle Waschung bezieht man sich auf einen Ausspruch von Juda-Ha-Hassid aus Speyer (12. Jahrhundert): »Der Mensch wird bei der Geburt gewaschen und ist rein. Darum soll er auch nach seinem Ableben gebadet werden.« Während der Waschung wurden Verse aus den Psalmen und dem Hohelied gesprochen. Anschließend kleidete man den Toten in ein schlichtes, weißes, meist aus Leinen gefertigtes Totengewand und bedeckte ihn mit einem Tuch. Das Totengewand bestand in der Regel aus der Haube, einer Hose und dem Kittel, dem eigentlichen Totenhemd, ferner einem Gürtel, einem Falttuch und bei einem Mann auch seinem Tallit, einem Gebetsschal, von dem aber zuvor die Schaufäden entfernt worden waren. Damit sollten nach dem Tode alle sozialen Unterschiede aufgehoben werden und gleichzeitig Reinheit und Einfachheit symbolisiert werden. In Altona wurden die Toten in einfachen, meist von Angehörigen der Hevra, manchmal auch von Altonaer Tischlern gefertigten Särgen beerdigt. Der Sarg wurde von Angehörigen der Hevra auf den Schultern zum Grab getragen, oft begleitet von der Rezitation des 91. Psalms. In Altona war es nicht üblich, dass Frauen die Trauerzüge auf den Friedhof begleiteten.

Wie für die Waschung so besaß die Hevra Geräte, die extra für das Ausheben und Schließen des Grabes vorgesehen waren, nämlich sechs Schaufeln, zwei Radhacken und eiserne Picken. Das Grab durfte erst dann ausgehoben werden, wenn die Leiche bereits auf dem Friedhof war, der Dienst habende Vorsteher den Platz bestimmt und den Befehl zum Ausheben gegeben hatte. Bevor der Sarg in das Grab gesenkt wurde, legte man dem Toten ein Säckchen mit Erde aus dem »Heiligen Land« unter den Kopf, um somit auch in der Diaspora die Heimkehr in die Erde des Landes der Vorväter auszudrücken. Seit talmudischen Zeiten wurden dem Grab auch wohlriechende Kräuter beigegeben. Lag der Sarg im Grab, so wurde mit Schaufeln Erde in das Grab geworfen und über ihm ein Grabhügel errichtet. Erst wenn das Grab vollkommen von Erde bedeckt war, durfte der Sohn des Verstorbenen oder ein anderer ihm nahe stehender männlicher Familienangehöriger das Totengebet, das Kaddisch (קדיש), sprechen. In einem besonderen Zusatz wird die Hoffnung auf die Auferstehung zum Ausdruck gebracht: »Erhoben und geheiligt werde sein großer Name in der Welt, die neu geschaffen werden soll, wo er die Toten zurückrufen und ihnen ewiges Leben geben wird.« Noch auf dem Friedhof mussten die Vorsteher der Hevra den Namen des Toten, den seines Vaters und seiner Mutter, den der Familie und der (Herkunfts-)Stadt, die Grablage und die benachbarten Gräber sowie das exakte Todesdatum in das Grabbuch eintragen.

Die rabbinische Lehre verlangt von jedem, der einem Leichenzug begegnet, ihn einige Schritte zu begleiten. Auch hierfür gab es in Altona einen eigenen Verein, der die Leichenbegleitung bei einer Beerdigung stellen konnte.

Mit dem Tod und dem Schließen des Grabes begann für die engsten Angehörigen die dreißigtägige Trauerzeit (Sheloshim / שלושים), in der Trauerkleidung getragen wurde. Der erste Teil dieser Trauerzeit heißt Aninut und bezeichnet den Zeitraum zwischen Tod und Begräbnis. Die nächsten sieben Tage werden Shiva (שבעה) genannt, wie schon Joseph seinen Vater sieben Tage lang betrauerte (1. Mose 50, 10). In dieser Zeit sollen sich die Trauernden jeder Arbeit enthalten, die Männer dürfen sich nicht rasieren, und die Trauernden sollen auf niedrigen Schemeln beim Gebet sitzen. Mit dem 30. Tag nach der Beisetzung endet die Trauerzeit, in der Trauerkleidung getragen und auf Schmuck verzichtet wird. Das Trauerjahr geht dann bis zum ersten Jahrzeittag. Auch hierfür konnte in Testamenten Vorsorge getroffen werden. So bestimmt Ruben Pesach in seinem Testament von 1808:

»Nach meinem Tod soll die Hevra Kadisha in meinem Haus während der ersten 30 Tage, nach den Gesetzen der Hevra als Mizwa 11 Monate gute Taten bis zum Ende des ersten Jahres nach meinem Tode in meinem Haus ein Gebetshaus machen mit 10 Männern und einer oder beide von meinen Schwägern mit vollem Herzen und ohne Nachlässigkeit, sollen es als ihre Pflicht machen, zeitig zu kommen und wer zu spät kommt und nicht regelmäßig kommt, bekommt nichts … Die Hevra Chazot (Mitternachtsgesellschaft) hier in Altona erhält aus meinem Nachlass aus der Hand meiner Frau 100 Schok Courant, im ersten Jahr nach meinem Tod sollen sie in meinem Haus Mitternachtsgebete / chavura / halten. Der Hevra Schomrim leBoker [Frühbeterverein] hier in Altona erhält 100 Schok als Keren Kajemet [beständiger Fonds (für Israel)] und ich befehle, dass während des ersten Jahres nach meinem Tod Pesach und Mosche Cohen und Mordechai Ruben und Meir Sofer jeden Tag in meinem Haus eine Lektion Mischnajot [Mishna-Lernen] und fünf Kapitel Tehilim [Psalmen] und sollen beten Jehi Razon [Fürbitte] zugunsten meiner Seele.«

Der Grabstein wird meist nach einem Jahr, am ersten Jahrestag des Todes, am Jahrzeittag, aufgestellt. Grundsätzlich soll jedem Verstorbenen ein Grabstein gestellt werden, da mit ihm das Grab gekennzeichnet wird und damit sowohl eine zweite Beerdigung auf demselben Fleck ausgeschlossen wird als auch das Grab jederzeit wieder auffindbar ist, um dort die nötigen Gebete abhalten zu können. In der Altonaer Gemeinde werden die Gebühren für das Setzen eines Steins entsprechend dem Steueraufkommen des Verstorbenen veranschlagt, für Arme übernimmt die Gemeindekasse die Kosten.

Auch für den Jahrzeittag, die alljährliche Wiederkehr des Todestages eines Verwandten, werden besondere Anordnungen getroffen. An diesem Tag wird das Grab eines Angehörigen besucht und dort gebetet. Wem die Gebete der Verwandten nicht genügen oder wer es sich leisten kann, legt auch hierfür in seinem Testament ein besonderes Verfahren fest. So wurden für die Ausrichtung des Jahrzeittages bei der Altonaer Gemeindeverwaltung testamentarisch bestimmte Geldsummen zinsbar angelegt, die einerseits dem Testator die Durchführung des Jahrzeitgedenkens garantierten und andererseits den finanziellen Spielraum der Gemeinde erweiterten. So legte zum Beispiel Moses Jacob Rée in seinem Testament (1860) fest, dass bei der Gemeindeverwaltung eine Summe als Keren Kayemet (קרן קימת) angelegt werden sollte, deren Zinsen dafür bestimmt waren, dass an seinem Jahrzeittag 13 Männer abends, morgens und nachmittags (der Tag beginnt im Judentum traditionell mit Sonnenuntergang) Gebete verrichteten. Sie sollten außerdem Mishnayot (Studium des rabbinischen Schrifttums) lernen, die mit den hebräischen Buchstaben מ (Mem), ש (Shin) und ה (Hé) beginnen, entsprechend seinem Vornamen משה (Mose). Nach dem Morgengebet sollten zusätzliche zehn Männer zu seinem Grab gehen und dort beten. Außerdem sollten Angehörige der Klaus einen Geldbetrag dafür erhalten, dass sie nachmittags ebenfalls Mishnayot »von der Ordnung Kodaschim [eine der sechs Ordnungen der Mishna] oder Taharot [Reinigungen]« studierten, die ebenfalls mit den Buchstaben מ (Mem), ש (Shin) und ה (Hé) beginnen.

Michael Studemund-Halévy |

Tod, Beerdigung und Trauer im sefardischen Judentum

Beerdigungsbruderschaft

Die Beerdigungsbruderschaft Hevra deBikur Holim war für die Versorgung der Kranken wie auch die Betreuung eines Sterbenden in seinen letzten Stunden zuständig, für die rituelle Reinigung des Verstorbenen (Tahara), die Einkleidung des Toten und die vorschriftsmäßige Beisetzung auf dem Begräbnisplatz. Die Mitgliedschaft in der Hevra war ein Liebesdienst, eine Mizva, das aktive Mitglied einer Hevra erhielt die Vergeltung seiner »Liebestaten« also erst nach seinem eigenen Ableben. Die Begleitung eines Toten zu seiner letzten Ruhe ist die letzte große Ehre, die man ihm erweist, eine mizva, ein religiöses Gebot und ein angesehenes Ehrenamt. Die Mitgliedschaft in der »Hevra Kadisha« war das Privileg der »Balebatim«, der verheirateten Frauen und Männer. Es war eine der größten »Mizvot«, für die man natürlich kein Geld bekam. Daran erinnert sich der 1969 in Jerusalem verstorbene Hamburger David Shaltiel: »Sowohl mein Vater, als auch meine Mutter waren in der Hevra Kadisha. Wenn ich aus der Schule nach Hause kam, gegen ein oder zwei Uhr, und fragte: ›Wo ist Mutter‹, sagte man mir oft: ›Mutter hat eine ›Tahara‹.‹ Das war für mich ganz selbstverständlich.«

Der Hevra konnten nur Gemeindemitglieder beitreten, die mit ihren Beitragszahlungen und Spenden die Aufgaben der Brüderschaft finanzierten. In den Statuten der 5435 / 1675 als Nachfolgerin der vielleicht schon vor 1629 existierenden Beerdigungs- und Krankenpflegebruderschaft (Bikur Holim) gegründeten Brüderschaft Gemilut Hasadim (גמילות חסדים) wurden die Privilegien der Mitglieder, ihre finanzielle Absicherung durch die Gemeindekasse sowie ihre Pflichten exakt aufgelistet. Die Verwaltung dieser Aufgaben wurde durch einen Administrador (Verwalter) und zwei Adjuntos (Beigeordnete) geleitet. Die Verteilung dieser Aufgaben wurde durch das Los bestimmt. Zu den Pflichten eines Mitglieds gehörten vor allem die Assistenz, Bewachung, Waschung, Einkleidung und Beerdigung Verstorbenen. Für die Beisetzung des Verstorbenen waren insgesamt zwölf Mitglieder des Vereins erforderlich. So sollten vier Lavadores (Leichenwäscher) die Waschung des Leichnams durchführen, vier Sacadores (Träger) ihn hinaustragen und vier Cavadores (Totengräber) das eigentliche Begräbnis durchführen. Für den Transport des Leichnams zum Friedhof verfügte der Krankenpflegeverein Hevra deBikur Holim bereits 1654 über eine »besondere Kutsche«. Neben den ehrenamtlichen Mitgliedern der Hevra hatte auch ein Hazan (Kantor) der Hevra bei der Beisetzung wie auch im Trauerhaus zu fungieren.

Bei Krankheits- und Sterbefällen von Frauen und Kindern wurden die meisten Aufgaben der Hevra von weiblichen Gemeindeangehörigen ausgeübt. Um die Dienste der Hevra deBikur Holim auf Dauer zu gewährleisten, sollten sich die freiwilligen Frauen bei dem Parnas melden, so dass die für einen Trauerfall Zuständigen, wie es auch bei den Männern geschehe, durch Los bestimmt werden könnten.

Die Hevra wachte jedoch nicht nur über die ordnungsgemäße Vorbereitung und Durchführung der Bestattung, sie sorgte auch für die Einhaltung der Vorschriften auf dem Begräbnisplatz. So hatte man festgelegt, welche Maximalgröße ein Grabstein haben durfte. Ein Grund für diese Anordnung mag zum einen der Versuch gewesen sein, der übermäßigen Prunksucht besonders wohlhabender Gemeindemitglieder zumindest an dem Ort, an dem doch alle gleich sind, enge Grenzen zu setzen. Als der reiche Hamburger

Kaufmann und Resident der portugiesischen Krone Jacob Curiel alias Duarte Nunes da Costa (Abb. 72) 1666 starb, setzten ihm seine Söhne einen Grabstein, der nach Feststellung der Hevra größer war, als die Vorschrift es erlaubte. Man war bereit hinzunehmen, dass der Stein in der Breite an ein benachbartes Grab reichte. Da der Stein jedoch auch zu lang war, sollte gemeinsam mit der Hevra festgestellt werden, ob es sich bei dem Übermaß um mehr als »ein oder zwei Finger breit« handelte, die dann allerdings vom Stein abzunehmen seien. Sein in Hamburg ansässiger Sohn Selomo Curiel erklärte sich aber bereit, die von dem Vorstand für die Übertretung der Vorschrift verhängte Strafe anzunehmen.

»Selomo Curiel möchte dem Gerede Einhalt tun, zu welchem der Grabstein seines seligen Vaters Anlass gegeben hat. Jener Stein sei größer als die Vorschrift der Hevra gestatte. Zu seiner Entschuldigung macht er geltend, dass sein Bruder in Amsterdam einen Stein geschickt habe und setzen lassen, während er selber mit seiner Familie in Glückstadt war, also ohne sein Vorwissen. Er sei bereit, sich der durch den Vorstand zu verhängenden Strafe zu unterwerfen. Er zog sich dann zurück und die vier übrigen Vorsteher berieten allein. Beschlossen: Da der Stein nur in der Breite fremden Platz einnimmt, und zwar den vor langer Zeit für seinen Sohn David Curiel belegten und bezahlten, sollte ihn dies nicht benachteiligen. Da der Stein aber auch eine größere Länge hat als die vorgeschriebene, so müsse das, was zu viel ist, entfernt werden. Man will sich zusammen mit den Vorstehern der Hevra durch den Augenschein überzeugen und wenn das Übermaß nicht mehr als 1 oder 2 Finger beträgt, soll von einem Entfernen abgesehen werden.«

Die Hevra achtete streng darauf, dass ihr Monopol in allen Fragen des Beerdigungswesens nicht angetastet wurde. Sollte z.B. ein Gemeindemitglied ohne Kenntnis der Brüderschaft einen Leichnam begraben haben, so musste es mit Sanktionen rechnen. Dies veranschaulicht der Fall einer nicht vorschriftsmäßig bestatteten Kinderleiche. Der Gemeindevorstand ermittelte zusammen mit den Parnassim der Hevra die beiden Männer, die die Leiche auf den Friedhof gelegt hatten. Diese wiederum gaben an, das tote Kind im Auftrag eines dritten Gemeindemitgliedes auf den Friedhof gebracht zu haben. Die Hevra wachte auch darüber, wer das Recht hatte, auf dem Friedhof bestattet zu werden. Und einem Nichtjuden, der mit einem Juden verheiratet war, war es unter keinen Umständen erlaubt, auf dem Friedhof bestattet zu werden. Ein Jude, der mit einem Nichtjuden verheiratet war, jedoch ein Begräbnis auf dem jüdischen Friedhof wünschte, wurde als eine »unverheiratete« Person behandelt und mit der Bezeichnung »Junggeselle« (הבחור) bestattet.

In Kriegszeiten war es immer schwierig, die Toten nach jüdischem Ritus bestatten zu können, wie aus zwei Eintragungen aus den Sterberegistern hervorgeht:

– »Am 4. Tag, dem 15. Elul 5446 / 4.9.1686, verstarb eine kleine Tochter von Gerson Israel, genannt Ester, und wurde am Freitag mit Genehmigung des Senats und der Kämmerei an der Mauer neben dem Schmied bestattet, bis man dasselbe nach dem Friedhof in Altona schaffen kann, bis Gott uns Frieden und Ruhe gibt.«

– »Am 2. Tag, dem 19. Tishri 5447 / 7.10.1686, starb eine kleine Tochter von Semuel Abas (Abb. 73), genannt Debora, und wurde am selben Tag auf dem Friedhof in Altona auf neuem Boden neben einer anderen Schwester Ribca in der Kinderreihe neben der Planke bestattet, und war dies die erste Beerdigung, welche in Altona nach dem Kriege stattfand.«

– Aus der Grabinschrift (Abb. 82) des dreiundzwanzig Jahre in Hamburg amtierenden Oberrabbiners Raphael Cohen (1722 – 1803) erfahren wir, dass er »[...] viereinhalb Jahre vor seinem Tod das Amt (von seiner Schulter) ablegte, um ins Heilige Land, es möge in Bälde, in unseren Tagen erbaut und errichtet werden, zu gehen, und er saß hier (weiterhin), weil er ob des Kriegsgetöses im Lande nicht hinüberfahren konnte [...]«.

Die Altonaer Portugiesengemeinde Neve Salom (Ort des Friedens) verdankt ihre Entstehung einem Streit unter den Mitgliedern der Hamburger Portugiesengemeinde Bet Israel (Haus Israels). Als Begründer einer Altonaer Portugiesengemeinde kann Jacob Abensur, Ministerresident des polnischen Königs in Hamburg, angesehen werden. 1701 spaltete er die Hamburger Gemeinde, als sich in seinem Haus einige Separatisten versammelten und unter Mitwirkung des aschkenasischen Rabbiners Juda Leb Ballin die neue Gemeinde Kahal Kados Neve Hazedek wehashalom gründeten. In die Streitigkeiten war auch die Hamburger Obrigkeit involviert, die mit Rücksicht auf die diplomatische Stellung Abensurs den Separatisten Schutz gegen Beleidigungen gewährt und damit ihre Sache unterstützte. Die Hamburger Portugiesen untersagten den Separatisten die Benutzung des Gemeindefriedhofs, die daraufhin den Friedhof gewaltsam öffnen ließen. Diese Gemeindegründung hatte jedoch keinen Bestand, denn schon wenig später kehrten einige der Dissidenten reumütig nach Hamburg zurück. Als eigentliche Gründungsakte der portugiesischen Gemeinde in Altona muss jedoch ein Privileg angesehen werden, das Friedrich IV. von Dänemark 1704 für dreizehn portugiesische Familien aus Hamburg erteilte, die sich – zumindest zeitweise – von der Hamburger Gemeinde lösten, nachdem sie vom dänischen König eine Niederlassungskonzession erhalten hatten, und später unter dem Namen »Bet Jacob HaKatan« in Altona eine eigene Gemeinde gründeten. | Die Altonaer Portugiesengemeinde beginnt 1723 mit den ersten Einträgen in ihrem Protokollbuch. Am 5. Februar 1759 hielt das Protokollbuch Altona einen Beschluss des Vorstandes fest, in dem die Gemeindemitglieder aufgefordert wurden, Mittel für den Bau einer Synagoge (esnoga) und einer Miqve (rituelles Tauchbad) zu beschaffen. Weil die Gemeinde nicht über genügend eigene Mittel verfügte,

wendete sie sich an Abraham Levi Ximenes in London um
Hilfe. Am 16. November 1770 richteten die Altonaer
Portugiesen nach wiederholten Auseinandersetzungen mit der
Hamburger Gemeinde an den dänischen König Christian VII.
ein Gesuch, in dem sie die Bitte vorbrachten, eine ordentliche
Gemeinde bilden und eine Synagoge errichten zu dürfen. Sie
erhielten nicht nur die Erlaubnis, beides zu tun, sondern auch
die Zusicherung, dass die Synagoge und das Haus des Synago-
gendieners von allen Abgaben befreit sein würden. Bereits im
März 1771 wurde der Grundstein für »ein kleines zierliches«
Gebäude auf dem Hofgrundstück hinter den Häusern Bäk-
kerstraße 12 und 14 gelegt. Am 6. September 1771 konnte die
Synagoge eingeweiht werden – mit einer öffentlichen Feier, zu
der die politische Spitze, der Oberpräsident und der Magistrat
von Altona, erschien, ein in Hamburg um diese Zeit undenk-
bares Ereignis. | 1821 erschien zur Feier des 50-jährigen Beste-
hens der Synagoge eine kleine Festschrift in hebräischer Sprache.
Wenige Jahre später fanden umfangreiche Baumaßnahmen
statt, der Gebetssaal wurde renoviert, und das Gebäude erhielt
eine repräsentative Fassade, die mit einer Pilastergliederung
versehen wurde. Nach einer weiteren Restaurierung und neuen
Ausmalung 1859 – weder über diese noch über die erste lässt
sich etwas nachweisen – diente sie der sefardischen Gemeinde
nur noch gut zwanzig Jahre. | Die seit Beginn des 19. Jahrhun-
derts stetig zunehmende personelle, geistige und finanzielle
Auszehrung der Gemeinde führte dazu, dass 1842 die Aufga-
ben einer ursprünglich selbstverständlichen, prestigeträchtigen
und eifersüchtig über ihre Rechte wachenden Vereinigung nun
vom Gemeindevorstand reguliert werden mussten. In dieser
desolaten Lage erhielt die Altonaer Gemeinde noch einmal ei-
nen erheblichen Zuschuss zur Friedhofskasse. Der wohlhaben-
de Abraham Sumbel starb im selben Jahr und hatte in einem
umfangreichen Testament seinen Nachlass geordnet.

Er gab darin auch genaue Anweisungen zur Durchführung seiner Beerdigung. Die »Kasse des Judenkirchhofes der Portugiesischen Gemeinde hieselbst« sollte zweihundert Mark erhalten, allerdings nur unter der Bedingung, dass die Gemeindevorsteher für eine Beerdigung sorgen würden, »auf anständige Weise alles Uebliche zu besorgen«. Sein Grabstein sollte weiter aus weißem, geschliffenem Marmor sein, »nach Hamburger Maaßen ohngefähr $2\,^1/_2$ Ellen lang, 1 Elle breit und $^1/_2$ Elle dick«, eine Inschrift in hebräischer Sprache, wie von Sumbel festgelegt, aus eingemeißelten, geschwärzten Buchstaben erhalten, und baldmöglichst nach der Beisetzung »platt« über das Grab gelegt werden. Darüber hinaus bestimmte Sumbel, dass der Stein regelmäßig restauriert werden sollte und, wenn erforderlich, zu erneuern sei. Diese Verpflichtung löste im Jahr 1908 die Hamburger Gemeinde Bet Israel ein, indem sie nach der Feststellung, dass der Sumbelsche Stein stark verwittert sei, einen neuen Stein in Auftrag gab. | Als die Gemeinde kein Minyan, die für den Gottesdienst notwendige Mindestzahl von zehn Männern, mehr zusammenbringen konnte und mit dem aus Amsterdam stammenden Lopes Dias der letzte Kantor starb, wurde die Synagoge 1882 geschlossen. Der Rohtabakimporteur Alexander Julius Möller (1842 – 1906) von der Altonaer aschkenasischen Gemeinde erwarb das Gebäude 1887 nach der formellen Auflösung der portugiesischen Gemeinde. Die Altonaer aschkenasische Gemeinde passte die Einrichtung dem eigenen Ritus an und benutzte die Synagoge zeitweilig als Wintersynagoge. 1940 wurde das Gebäude abgerissen. | Mit dem Verkaufserlös erwarben die Altonaer Portugiesen ihren Teil auf dem Friedhof Bornkampsweg, auf dem nur Nachkommen Altonaer Portugiesen bestattet werden durften. |

Auch wenn die Beerdigungsbrüderschaft die administrative und religiös-kultische Entscheidungsgewalt im Beerdigungswesen innehatte und traditionell die oberste Instanz für diese Belange war, so konnte das einzelne Gemeindemitglied doch auf die Gestaltung seines Begräbnisses, den genauen Standort der Grabstelle, auf die Ausgestaltung der Trauerzeit und der späteren Todestage sowie auf die Gestaltung des Grabsteines wie auch den Text der Inschrift Einfluss nehmen. Üblicherweise wurden Wünsche und Anordnungen dieser Art in Testamenten aufgeführt. So legte die 1655 in Hamburg verstorbene Debora Hana Naar alias Violante Correa in ihrem Testament neben der Verteilung ihres Eigentums und der Verfügung auch fest, ihre aus Portugal mitgebrachte afrikanische Hausangestellte freizulassen: »Mein Körper soll auf dem Bett Haim neben dem Grabe meiner seligen Mutter bestattet werden. Man soll mir in mein Grab eine Last guter Erde (carga de boa terra) werfen lassen, welche zu diesem Zwecke anzukaufen ist. Man soll mir eine Leichenbekleidung (mortalha) nach dem Wunsch meiner Schwestern Ines Correa und Francisca Mendes anfertigen lassen.«

Krankheit und Tod

In seiner letzten Stunde kümmerten sich neben den Angehörigen Mitglieder karitativer Bruderschaften (Hevrot / חברות) um den Sterbenden. Häufig wendeten sie sich an den Gemeinderabbiner, der in einer rogativa, einem Bittgebet, für die Gesundung des Kranken bat und in einer besonderen Zeremonie den Namen des Kranken bzw. Sterbenden änderte. Diese Namensänderung beruht auf der mystischen Vorstellung, dass ein neuer Name den Todesengel bewegen könnte, den Sterbenden zu verschonen. Häufig bekam der Sterbende die Namen Rafael oder Haim, weil nach kabbalistischer Auffassung der Engel Rafael (hebr. Gott hilft) Kranke heilt und Haim (hebr. Leben) ein Leben verspricht (s. Abb. 57). Dieser neue Name wurde auch nach einer bedrohlichen Geburt oder nach einer schweren Krankheit gegeben. So lesen wir zum Beispiel auf dem Grabstein des 1617 verstorbenen Simhon Hizkiau Machorro folgende bewegende Inschrift:

»In meinem Leben war mein Name Simhon und später Hizkiau, um mich zu heilen. Aber er heilte mich nicht, und auch Machorro als Familienname. Jetzt nahm mich der Fels zum Garten Eden. Am 23. Marheshvan machte ich mich auf zu dem, der mich erschaffen hatte. Und der Engel Michael kam und holte mich. Er zeigte mir ›die Augen des Königs der Könige‹.«

Vermutete man den Eintritt des Todes, überprüfte man den Stillstand der Atmung mit einer Feder, dann schloss man dem Toten die Augen und sprach den Segen »Gesegnet sei der Richter der Wahrheit«. Dann wurde der Parnas da Hevra von dem Tod informiert, der seinerseits unverzüglich die Parnassim der Beerdigungsbrüderschaften Gemilut Hasadim, Kabronim und Hesed veEmet von dem Todesfall in Kenntnis setzte.

Waschung und Herrichtung des Leichnams

Gemäß der rabbinischen Vorschrift soll der Tote so schnell wie möglich bestattet werden. Nur wenn jemand kurz vor Anbruch eines Feiertages oder an einem Feiertag verstarb, wurde die Beerdigung wegen der Heiligkeit des Tages zwangsläufig verschoben.

Das Tahara-Brett, auf dem der für die Waschung vorbereitete Leichnam lag, wurde nun in das Haus des Verstorbenen gebracht bzw. in das Totenhaus. Die rituelle Waschung übernahmen Männer für einen männlichen Verstorbenen und Frauen für einen weiblichen Verstorbenen. Drei oder mehr Mitglieder der Hevra besorgten die Waschung des Leichnams. Zuerst wurde das breite Tahara-Brett gewaschen, erst dann legte man den mit einem Tuch bedeckten Leichnam auf das Brett. Das Tuch wurde in der Regel von der Hevra gestellt, in einigen Fällen wurde es in der Familie vererbt.

Bei der Waschung durfte der Leichnam niemals vollständig entblößt werden. Es wurde immer nur der Körperteil aufgedeckt, der gerade gewaschen wurde. Die Waschung selbst bestand aus zwei Handlungen: der »unreinen Waschung« (tame) und der »reinen

Waschung« (tahor). Der Leichnam wurde zunächst vom Kopf abwärts vollständig und dreimal mit lauwarmem Wasser übergossen. Danach mussten alle Mitglieder der Hevra, die bei dieser Waschung anwesend waren, ihre Hände sorgfältig reinigen. Nachdem das Tuch, das den Körper bedeckte, durch ein neues Tuch ersetzt worden war, wurden die intimen Bereiche des Körpers sorgfältig gewaschen. Dabei wurden drei Eimer kalten Wassers vom Kopf abwärts langsam auf den Leichnam gegossen. Bei dieser Waschung sprachen die Anwesenden dreimal folgende Bibelverse: »Und auf euch sprengen reines Wasser, und ihr werdet rein sein von allen euren Unreinheiten, und von all euren Scheusalen werde ich euch reinigen« [Ezechiel 36, 25] und »Denn an diesem Tage wird er euch sühnen, dass ihr rein werdet; von all euern Sünden sollt ihr rein werden vor dem Ewigen« (3. Mose 16, 30). Im Anschluss daran wurde der Körper sorgfältig getrocknet und in ein Totenhemd (mortalha) aus kostbarem Leinen gehüllt, wobei kein Unterschied gemacht wurde zwischen Arm und Reich. Bei einem männlichen Verstorbenen wurde der tallit, der viereckige Gebetsmantel aus weißer Wolle, angelegt, dessen Zizit (ציצית), Schaufäden, gebrochen waren. Die anwesenden Mitglieder der Hevra beteten bei der Ankleidungszeremonie dreimal die folgenden Bibelverse:

»Wonniglich freue ich mich des Ewigen, es jauchzt meine Seele in meinem Gotte; denn er hat mir angelegt Gewänder des Sieges, den Mantel des Heils mir umgetan, wie ein Bräutigam anlegt den feierlichen Schmuck, und wie eine Braut angelegt ihr Geschmeide« [Jesaia 61, 10]; »Und ich sprach: Man setze einen reinen Bund auf sein Haupt, und man setzte den reinen Bund auf sein Haupt, und man legte ihm Kleider an; aber der Engel des Ewigen blieb« [Zacharia 3, 5]; »Ja, wie die Erde treibt ihre Pflanzen, und wie ein Garten aufsprossen lässt seine Samen; so wird Gott, der Herr, aufsprossen lassen Heil und Ruhm angesichts aller Nationen« [Jesaia 61, 11] und »Und leiten wird der Ewige dich beständig und laben in der Dürre deine Seele, und wird deine Gebeine stärken, und du wirst wie ein getränkter Garten und wie ein Wasserquell, dessen Wasser nicht täuschen« [Jesaia 58, 11].

ABB. 22 | »*Abraham machte sich früh am Morgen auf an den Ort, wo er vor dem Herrn gestanden hatte*« *(1. Mose 19, 27): Grabstein für Abraham Mussaphia Fidalgo, gest. 1802.*

Der letzte Bibelvers ist auch ein beliebter Bestandteil sefardischer Grabinschriften. So lesen wir zum Beispiel auf dem Grabstein des 1649 gestorbenen Abraham Haim Jessurun:

»Und leiten wird der Ewige dich beständig und laben in der Dürre deine Seele, und wird deine Gebeine stärken, und du wirst wie ein getränkter Garten und wie ein Wasserquell sein, dessen Wasser nicht täuschen«

Nachdem der Verstorbene vollständig eingekleidet worden war, wurde der Sarg gebracht. Der Leichnam wurde dann auf das Tahara-Brett gelegt, dabei beteten die Mitglieder der Hevra folgende Bibelverse: »Da stieg Mose hinauf zu Gott, und der Ewige rief ihm zu vom Berge und sprach: Also sprich zum Hause Jaakob und verkünde den Kindern Israel: Ihr habt gesehn, was ich an Mizraim getan, und wie ich euch getragen auf Adlerflügeln und euch gebracht habe zu mir« [2. Mose 19, 3-4); »Aber ihr sollet mir sein ein Königreich von Priestern und ein heiliges Volk. Dies sind die Worte, die du reden sollst zu den Kindern Israel« [2. Mose 19, 6]; »Und der Ewige gebot uns all diese Satzungen zu tun, den Ewigen unsern Gott zu fürchten, uns zum Heil zu allen Zeiten, um uns am Leben zu erhalten, wie diesen Tag geschiehet« [5. Mose 6, 25]; »Ihr aber, die ihr an dem Ewigen, eurem Gotte hanget, seid alle heute am Leben« [5. Mose 4, 4] und »Ich sterbe nicht, ich werde leben und erzähle die Taten Jah's« [Psalm 118, 17].

Weit verbreitet war auch der Brauch, dem Toten ein wenig »guter Erde» (carga de boa terra) aus dem heiligen Land mit in den Sarg zu geben (s. S. 82): Wenn es ihm schon nicht vergönnt war, in der geheiligten Erde der Vorväter zu ruhen, so wurde der Verbundenheit mit dem gelobten Land auf diese Weise Ausdruck gegeben. Die Erde wurde dem Toten auf die Augenlider gelegt, dabei sagten die Anwesenden den Bibelvers »Dass sie nicht hineingehen um zu schauen, wie man das Heiligtum verhüllt und sterben« (4. Mose 4, 20). Der Sarg wurde verschlossen und durfte nicht wieder geöffnet werden. Er wurde jetzt zum Friedhof gebracht und zunächst in der Mitte der Totenkapelle aufgestellt.

Alle Trauergäste gingen dann, angeführt vom Kantor (Hazan), siebenmal um den Sarg herum (span. arrodeamientos, ptg. rodeamentos, hebr. hakkafot lamet) und beteten gemeinsam den Psalm 91 sowie einen der sieben Verse der Elegie »Ewiger Gott und Herr des Weltalls«. Die Zahl »Sieben« bedeutet in der jüdischen Zahlensymbolik den Übergang vom unreinen in ein neues, also in ein reines Leben, womit die vollständige Reinigung von all den Verfehlungen abgeschlossen wird, die der Verstorbene während seines Lebens begangen hatte. Nach einer anderen Vorstellung symbolisiert die Zahl »sieben« den Rhythmus der Natur und das Bemühen des Mannes, sein Leben zu verdienen: »Fortan, alle Tage der Erde, sollen Saat und Ernte, Frost und Hitze, Sommer und Winter, und Tag und Nacht nicht gestört sein« (1. Mose 8, 22). Eine von den Parnassim bestimmte Person ging mit einer Büchse umher, um

ABB. 23 | *Grabstein des Jacob Hizkiau Coronel (gest. 1684). Kostbare Pyramidalsteine (hebr. ohalim) erinnern an die Hahamim (Weisen) und erfolgreichen Kaufleute der Gemeinde.*

Geld zu sammeln, das für den Religionsunterricht bestimmt war. Die Rodeamentos-Zeremonie war immer dann ausgesetzt, wenn keine Bitt- oder Flehgebete, gesagt wurden.

Während des Gangs auf den Friedhof rezitierten die Trauernden für einen verstorbenen Mann den Psalm 91, für eine verstorbene Frau den Psalm 16. Wenn der Leichnam aus dem Sarg in das Grab gesenkt wurde, rezitierten die Trauernden den Vers »Hier ist der Ort, hier ist die Ruhestätte; hier die Rast, hier das Erbe«. Die erste Zeile dieses Verses findet sich auch in den sefardischen Grabtexten, so zum Beispiel auf dem Grabstein der 1663 verstorbenen Judit Pereira: »Hier ist der Ort, hier ist die Ruhestätte der züchtigen und geehrten Frau, die Frau Judit Pereira. Verstorben am 2. Tag, dem 5. des Monats Tevet des Jahres 5423 (»sie möge leben«). Ihre Seele sei eingebunden in das Bündel des Lebens.«

Jeder der Trauernden ergriff dann die Schaufel und warf dreimal etwas Erde auf das Grab. Dabei durfte die Schaufel nicht an den nächsten Trauernden gegeben werden, sondern musste nach Gebrauch wieder in die Erde gesteckt werden, wie es in Prediger 8, 8 heißt: »Kein Mensch ist Herr über den Geist, den Geist zu halten, und es gilt keine Gewalt am Tage des Todes, und es gilt keine Beute im Kriege, und das Unrecht rettet seinen Herrn nicht.« Dann wurde das Grab im Angesicht der Trauernden vollständig mit Erde gefüllt.

Trauerzeit

Am Ende der siebentägigen Trauerzeit (shiva) begab sich der Trauernde in die Synagoge, wo für ihn ein besonderer Platz hinter der Teva (erhöhter Platz, von dem aus die Tora vorgelesen wird) reserviert war. Verwandte und Freunde trösteten den Trauernden mit den Worten »Mögest Du Trost vom Himmel erhalten«. Eine ähnliche Wendung findet sich auch auf dem Grabstein des 1668 gestorbenen Joseph Semuel da Silva: »Der teure Sohn Joseph Semuel, Sohn des geehrten Herrn David da Silva. Verstorben am 4. Tag, dem 14. des Monats Tishri des Jahres 5429. Vom Himmel werden getröstet seine Eltern.«

Grabpflege

Seit dem Mittelalter sind Blumen als Grabschmuck auf jüdischen Begräbnisstätten verpönt. Unter dem Einfluss der christlichen Mehrheitsgesellschaft aber wurde seit dem Ende des 19. Jahrhunderts ein Blumenschmuck immer beliebter. Jüdische Gräber in Italien oder Bulgarien zum Beispiel schmücken nicht nur mit Blumen, sondern auch mit Fotos der Verstorbenen.

Michael Studemund-Halévy |

Sefardische Grabsprache

Wie auf vielen jüdischen Grabstätten, so fordern Grabinschriften auch auf dem Friedhof Königstraße den Besucher auf, stehen zu bleiben, innezuhalten, die Inschrift zu lesen und den Kummer des Verstorbenen und den seiner Familie zu teilen. So lesen wir zum Beispiel auf dem Grab des 1622 verstorbenen Jacob Alvares de Vargas folgende Inschrift: »Wer hierherkommt, beachte, dass derjenige, der das Höchste erreichen will, was der Ruhm ist, wenn er den Sieg über die Welt erringen will, leiden und schweigen können muss«. Und die Inschrift auf dem Grabstein der 1788 verstorbenen Ribca Mussaphia Fidalgo fordert den Besucher auf, an die Verstorbene zu denken und wie sie tugendhaft zu sein (»Passante bendice sua / Memoria & imita suas Virtudes«).

Aufbau einer Grabinschrift

Grundsätzlich unterliegt die jüdische Grabinschrift in ihrem Aufbau einem mehr oder weniger stabilen Grundschema, das sich im Verlauf von zwei Jahrtausenden differenziert entwickelt und sich dabei als sehr flexibel erwiesen hat. Grabinschriften nennen uns den Namen des Verstorbenen, den seines Vaters bzw. den des Ehemannes und sein Sterbedatum, und sie künden von seinen Tugenden und seinen guten Werken. Eine jüdische Grabinschrift besteht also aus unterschiedlichen Elementen, die vielfältig kombiniert und variiert werden können. Zu den Grundelementen gehört eine einleitende Kopfformel, mit dem Namen, den biographischen Daten des Verstorbenen sowie einer mehr oder weniger umfänglichen Eulogie.

Die sefardische Inschrift beginnt häufig mit einem Bibelzitat, das den Vornamen des Verstorbenen zitiert. So bringt zum Beispiel auf dem Grabstein der 1777 verstorbenen Ester Israel Luria de Lemos die hebräische Grabinschrift die Verstorbene mit der biblischen Königin und dem Buch Esther 2, 15 in Verbindung: »Und so gewann Ester Gunst.« In der Regel jedoch wird die portugiesisch-spanische Grabinschrift mit der zweibuchstabigen Abkürzung S^A bzw. ^{A}S für sepultura (Grab) eingeleitet, seltener mit der vollen Schreibung SEPULTURA.

Die Kopfformel enthält in der Regel einen Hinweis auf den Ort, das Grab oder den Stein mit Wendungen wie »hier ruht«, »hier ruht aus«, »hier schläft«, »dies ist die ewige Ruhestatt«, »unter diesem Stein« oder »hier ruhen die Knochen«. Nach dem Verweis auf den Ort kommt in der Regel der Name des Verstorbenen. Viele Hamburger Portugiesen behielten auch nach dem Übertritt zum Judentum ihren christlichen Nachnamen, den sie erst nach der Zwangstaufe und Adoption durch christliche Adelige im 16. Jahrhundert erhalten hatten. Für lange Zeit trugen die Familien somit zwei, drei oder vier Namen. Der erste Name stammte noch aus der Zeit vor der Zwangskonversion, er war in der Regel jüdisch-hebräisch, seltener jüdisch-arabisch. Diesen Namen verwendeten sie weiterhin im Kontakt mit ihren Glaubensbrüdern und auf ihren Grabsteinen. Den christlichen Namen setzten sie vor allem im Berufsleben ein. In vielen Fällen benutzten sie auch Decknamen, besonders im 17. und 18. Jahrhundert, um sich vor den Spähern der Inquisition zu schützen, aber auch, um ihre Verwandten in Spanien bzw. Portugal nicht zu gefährden. Rabbiner erließen zum Beispiel Verordnungen, die es den Sefarden nach der Rückkehr ins Judentum erlaubten, weiterhin ihren alten christlichen Namen zu benutzen, so zum Beispiel in der Korrespondenz mit Verwandten und Freunden in Portugal.

Neben den Personennamen der oder des Verstorbenen nennt die Grabinschrift bei Männern und männlichen Kindern sowie bei unverheirateten Frauen in der Regel auch den Vor- und Nachnamen des Vaters, bei verheirateten Frauen steht fast immer auch der Name des Ehemannes und häufig auch der Name des Vaters des Ehemannes. In einigen Grabinschriften wird auch der Großvater sowie neben dem ersten auch der zweite Ehemann erwähnt, so zum Beispiel auf dem Grabstein der 1828 verstorbenen Ester Mussaphia Fidalgo: »Hier ruht die sehr selige, fromme und tugendsame Witwe Ester Mussaphia Fidalgo, geb. Abudiente. Zweite Ehefrau des sehr seligen und gottesfürchtigen Abraham Mussaphia Fidalgo, die Gott zu sich nahm am 17. Nisan 5588 im Alter von 71 Jahren, 10 Monaten (und) 17 Tagen, eine Tochter und 7 Enkel. Ihre Seele ruhe in ewigem Frieden.« Nach der Einleitung und noch vor der Nennung des Namens wird mitgeteilt, ob es sich bei dem Begrabenen um eine (junge, alte, unverheiratete) Frau oder einen (jungen, alten, unverheirateten) Mann bzw. ein früh verstorbenes Kind handelt. Sehr selten wird das Datum (Tag, Monat, Jahr) der Heirat erwähnt, wie zum Beispiel in der Grabinschrift der 1804 verstorbenen Sara Hana Abensur: »Grab der seligen, frommen und mildtätigen Sara Hana, Ehefrau des David Abensur. Geboren am 21. Nisan des Jahres 5513, verheiratet am 4. Sivan des Jahres 5548, verstorben an 7. Av und begraben am 9. Av des Jahres 5564. Ihre Seele sei eingebunden in das Bündel des Lebens.« Auf einigen Inschriften wird besonders vermerkt, dass der Verstorbene verwitwet ist, so zum Beispiel auf dem Grabstein der 1834 verstorbenen Rahel Namias de Castro: »Rahel, Witwe des seligen Jacob, Sohn des Imanuel Namias de Castro. Geboren am Purimfest 5559, gestorben am 22. Adar Rishon Adar des Jahres 5594. Ihre Seele ruhe in ewigem Frieden.«

Biblischer Name und Bibelzitat

Ein beliebtes Mittel, in der Grabinschrift auf den Vornamen des Verstorbenen anzuspielen, ist die Verwendung eines biblischen Zitats, wie zum Beispiel für den 1654 verstorbenen Eliau Gaon:

»Grab für Eliau. Der erhabene Jüngling, der geehrte Herr Eliau Gaon. ›Und Eliau fuhr auf in einer Wetterwolke gen Himmel‹ [2. Könige 2, 11] am 4. Tag, dem 28. des Monats Nisan des Jahres 5414. ›Seine Ruhestätte ist Herrlichkeit‹« [Jesaia 11, 10]). Auf dem Grabstein des 1802 verstorbenen Abraham Mussaphia Fidalgo verweist der hebräische Spruch über der aufgehenden Sonne zwischen einem blühenden und einem verdorrten Baum auf den Vornamen des Verstorbenen und zitiert 1. Mose 19, 27: »Abraham aber machte sich früh auf an den Ort, wo er vor dem Herrn gestanden hatte« (Abb. 22). Die hebräische Beischrift über der Gestalt eines lesenden Mannes auf dem Grabstein des 1731 verstorbenen Isaac Machorro zitiert seinen Vornamen und 1. Mose 24, 63: »Und Isaac war ausgegangen aufs Feld« (Abb. 2). Auf dem Grabstein der 1734 verstorbenen Rahel Hana Mussaphia (Abb. 39) erinnert das von zwei geflügelten Engeln gehaltene hebräische Spruchband an ihren Vornamen und zitiert 1. Mose 35, 20: »Das ist das Grabmal Rahels bis auf diesen Tag.« Das Grab der 1635 verstorbenen Sara Miriam Senior Coronel (Abb. 68) zitiert in der hebräisch-portugiesischen Grabinschrift die zwei Vornamen der Toten: »Der Brunnen Miriams werde ich genannt« und »Hier sind verborgen die Lebensjahre der Sara« (1. Mose 23, 1). Und das Grab der 1846 verstorbenen Gracia Benveniste spielt mit der Bedeutung des Vornamens Gracia (portugiesisch für Gnade, Glück, anmutig, schön), indem die hebräische Beischrift den Propheten Zacharia zitiert: חֵן חֵן לָהּ (»Glück zu! Glück zu!«), חֵן = anmutig, schön (Zacharia 4,7).

Altersangabe

Eine Altersangabe fehlt in der Regel in den Grabinschriften. Wo sich eine solche findet, betrifft sie in der Regel entweder noch ganz junge, unvollendete oder in einem biblischen Alter stehende Personen. So erfahren wir zum Beispiel aus der Grabinschrift vom frühen Tod des 1618 gestorbenen Isaac Abendana: »Wie ein Lamm, bevor es stirbt, bereit als ein Opfer im Alter von 20 Jahren und nicht älter, war Isaac, Sohn des David Abendana. Am Tag des 9. Av, eines unglücklichen unter den Tagen (des Jahres), im Jahr 300 und auch siebzig und acht, nach der kleinen Zählung. Möge der Verdienst von Isaac ihn beschützen, um aufzuwiegen Ungerechtigkeit und Schuld.« Und auf dem Grabstein der 1812 verstorbenen Ribca Abensur Curiel wird ihr »biblisches« Alter vermerkt: »Grabstätte der seligen Ribca Abensur Curiel, zweite Ehefrau des seligen Mose Abensur. Verstorben am 8. Iyar des Jahres 5572 im Alter von 80 Jahren. Ihre Seele ruhe in ewigem Frieden.«

TAG DER GEBURT UND TAG DES TODES

So ausführlich der Todestag und mitunter das Alter Erwähnung findet, so wird auf jüdischen Grabinschriften doch nur selten das Geburtsdatum genannt, dies ganz im Sinne des Schriftwortes: »Besser guter Name als köstlich Öl und der Tag des Todes als der Tag seiner Geburt« (Prediger 7,1). So zum Beispiel auf dem Grabstein des 1833 verstorbenen Jacob Reuel Abudiente: »Hier ruht der tugendsame, gottesfürchtige Jacob Reuel Abudiente. Geboren am 13. Sivan des Jahres 5514. [Gestorben am 4. Tishri] des Jahres 5594 im Alter von 79 Jahren, 3 Monaten und 26 Tagen. Seine Seele ruhe in ewigem Frieden.«

EPITHETA UND TITULATUREN (ÄMTER, WÜRDEN)

Die häufigsten Epitheta sind: »der Fromme«, »der Teure«, »der Würdige«, »der Erlauchte, »der Geehrte«, »der Alte«.

Besonders hervorgehoben werden in den Inschriften auch die Funktionen und Ehrenämter, die insbesondere Männer innerhalb der Gemeinde bekleideten, hier vor allem Mitglieder des Ma'amad (Vorstand), Vorsteher (parnas regente), Rabbiner, Kantoren, Lehrer, Schatzmeister etc. So zum Beispiel bei dem 1813 verstorbenen Eliau Semuel Israel Baruch, der Vorstand der Hamburger Gemeinde Bet Israel war: »Grabstätte des seligen Eliau Semuel, Sohn des Abraham Israel Baruch, Parnas regente der Kahal Kados Bet Israel. Verstorben am 6. Shevat des Jahres 5573 im Alter von 37 Jahren,

4 Monaten und 11 Tagen.« Oder in der Inschrift des 1824 verstorbenen Isaac Bravo, der Vorstand der Altonaer Gemeinde Neve Salom war: »Grabstätte des seligen und alten Isaac, (Sohn) des Jacob Haim Bravo, Parnas Regente der Kahal Kados Neve Salom. Geboren am 27. Heshvan des Jahres 5520. Verstorben am 26. Heshvan des Jahres 5585 im Alter von 65 Jahren. Seine Seele ruhe im ewigen Frieden.«

Besondere Erwähnung finden immer wieder die Hazanim, die Kantoren, »die lieblichen Sänger in Israel«:

- »Grab des geehrten Mannes, ein lieblicher Sänger in Israel in der Heiligen Gemeinde Bet Israel Elishev Haim Meldola, seine Ruhe sei in Ehre [Jesaia 11, 10]. Verstorben am 1. Tag, dem 4. Tag des Monats Shevat des Jahres 5582. Seine Seele sei eingebunden in das Bündel des Lebens.«

- »Grab des teuren und erlauchten Alten, des Hazan, der »lieblicher Sänger in Israel« [vgl. 2. Samuel 23, 1], der geehrte Herr Michael Namias. Und seine Ruhe sei Ehre am Heiligen Sabbat, dem 21. des Monats Sivan des Jahres 492 nach der kleinen Zählung. Seine Seele sei eingebunden in das Bündel des Lebens.«

- »Du bist der Sänger, der Herr Abraham, Sohn des Haim Saduc, gebildet und klug, ein »lieblicher Sänger in Israel« [vgl. 2. Samuel 23, 1] und er ging von dieser Welt am Heiligen Sabbat und wurde beerdigt am 1. Tag, dem 2. Elul des Jahres 5397. Seine Seele sei eingebunden in das Bündel des Lebens.«

- »Grabstätte des seligen Mannes, des verständigen, weisen, frommen und demütigen Alten, des verehrungswürdigen Hazan der Kahal Kados Neve Salom, Ribi Jacob Aboab. Er verstarb am Sonntag, dem 6. Iyar des Jahres 5538. Seine Seele ruhe in Frieden.«

- »Und es starb Josua, der Knecht des Ewigen [Richter 2, 8]. Und sie begruben ihn [Richter 2, 9] unter diesem Stein, zusammen mit seiner geliebten und züchtigen Ehefrau. Die sich im Leben liebten und hold waren, sind auch in ihrem Tode nicht getrennt [2. Samuel 1, 23] [...]. Es ist der teure und erlauchte, der gebildete und kluge, ein ›lieblicher Sänger in Israel‹ [vgl. 2. Samuel 23, 1], der geehrte Herr Josua Palache, seine Ruhe in Ehre [Jesaia 11, 10]. Er wurde in den Himmel oben gerufen am 4. Tag, dem 21. des

Monats Adar Rishon des Jahres 5467. Seine Seele sei eingebunden in das Bündel des Lebens.« (Abb. 48)

– »Hier ruht der selige, alte Hazan Ribi Jacob Delmonte, der 44 Jahre in der Kahal Kados Neve Salom in Altona seinen Dienst versah. Verstorben am [6. Tag], was dem 14. Heshvan des Jahres 5592 entspricht, im Alter von 74 Jahren, 2 Monaten und 10 Tagen. Seine Seele ruhe in ewigem Frieden.«

Und auch ein Gemeindeschreiber ist stolz auf seine Stellung und seine Fähigkeiten:

– »Grab des geachteten und alten Mannes, der geschickte und ausgezeichnete Schreiber und er war ein Priester dem höchsten Gott [1. Mose 14, 18], der ehrenwerte Alte, der geehrte Herr Daniel Cohen de Azevedo. Verstorben am 1. Tag, dem 18. des Monats Tamuz und beerdigt am 2. Tag, dem 19. desselben (Monats) des Jahres 5450. Seine Seele sei eingebunden in das Bündel des Lebens.«

Wenn auch bürgerliche Berufe nur selten genannt werden, so sind doch unter den Gemeindemitgliedern besonders die Ärzte stolz auf ihren Beruf und ihre Fähigkeiten. Davon kündet zum Beispiel der Grabstein des 1737 verstorbenen Arztes Joseph Haim da Fonseca:

– »Grab des alten und geehrten und erfahrenen Arztes Joseph Haim da Fonseca, der in der heiligen Sabbatnacht verstarb, am 13. Adar Sheni, und der am 14. Adar Sheni beerdigt wurde im Jahr 5497. Seine Seele sei eingebunden in das Bündel des Lebens.«

Frauen, die keinerlei Ämter in der Gemeinde innehatten und keinem Beruf nachgingen, vermerkten auf ihren Grabinschriften mit Stolz jedoch den Beruf ihrer Männer. So gibt zum Beispiel die 1809 verstorbene Gracia Meldola bekannt, dass sie die Frau eines Notars ist: »Grabstätte der seligen und sehr tugendhaften Frau Gracia, Ehefrau des Notars Abraham Meldola. Verstorben am 13. Elul 5569 / 25. August 1809. Ihre Seele ruhe in ewigem Frieden.« Und auch der Grabstein der 1733 verstorbenen Sara Jessurun erwähnt den Beruf ihres Mannes: »Grab der geachteten Frau, die Frau Sara, Ehefrau des erhabenen Haham, »ein lieblicher Sänger in Israel« [2. Samuel 23, 1], des ehrenwerten Herrn Abraham Jessurun, es sei seiner zum

Guten gedacht. Verstorben in der Nacht des heiligen Sabbat, dem
5. des Monats Nisan des Jahres 5493 nach der kleinen Zählung. Ihre
Seele sei eingebunden in das Bündel des Lebens.«

EUPHEMIEN

Nach dem Namen des Verstorbenen folgen häufig Euphemien in ver-
kürzter Form, die in der Regel auf das jenseitige Leben Bezug haben.
Beliebte Euphemien sind ו״צי »Es behüte ihn sein Fels und Erlöser«
und ז״צל »das Andenken des Gerechten sei zum Segen« (Sprüche
10, 7). In den Hamburger sefardischen Inschriften bezieht sich die
Euphemie in der Regel nicht auf den Verstorbenen selbst, sondern
auf dessen Vater oder Schwiegervater, so zum Beispiel in der Grabinschrift der 1733 verstorbenen Rahel Benveniste: »Grab der züchtigen und geachteten Jungfrau, die Frau Rahel, Tochter des Ribi Mose,
Sohn des Haham asalem, unseres verehrten Herrn und Meisters Jacob Benveniste, das Andenken des Gerechten sei zum Segen (Sprüche
10, 7). Verstorben am Heiligen Sabbat, dem 24. Elul und begraben am
1. Tag, dem 25. Elul des Jahres 5493 nach der kleinen Zählung [!].
Ihre Seele sei eingebunden in das Bündel des Lebens.«
  Sterben und Tod werden in der Regel durch einen euphemisti-
schen Ausdruck umschrieben. So ist das Verlassen dieser Welt der
Eintritt in die andere Welt, Gott nahm ihn zu sich, zu seinem Herrn
kehrte er zurück etc. Die Seele steigt hinauf zu ihrem Ursprung,
zum Herrn, zum Vater, ins himmlische Lehrhaus. Die Ausdrücke
für begraben und bestatten werden häufig durch euphemistische
Bezeichnungen wie bergen und verwahren ersetzt. Die Zahl 18
(ח״י) wird in der Regel חי geschrieben, da der Zahlenwert (10 + 8)
dem des Gottesnamen entspricht.

EULOGIEN

Die Eulogien sind unterschiedlich lange Lobsprüche auf den Verstorbenen, eine mehr oder weniger geschickte Kombination biblischer und talmudischer Zitate, häufig in Verbindung mit dem

Vor- und / oder Nachnamen des Verstorbenen. Eulogien sollen die Erinnerung an den Verstorbenen festhalten, die Klage um den Verlust teilen wie auch das Lob auf den Verstorbenen. Eulogien appellieren an die Öffentlichkeit, wodurch die lobende Beschreibung des Einzelnen zum allgemein gültigen Ideal für die Gemeinschaft wird. Wie zum Beispiel auf dem Grabstein des zum Judentum übergetretenen und 1656 in Hamburg verstorbenen Semuel Pelengrino: »Grab des alten und angesehenen [Jesaia 9, 14] Mannes, unschuldig und redlich, gottesfürchtig und das Böse meidend [Hiob 2, 3], der Greis, der geehrte Herr Semuel Pelengrino. Es nahm ihn Gott am 2. Tag, dem 17. des Monats Av des Jahres 5416 nach Erschaffung der Welt. Seine Seele sei eingebunden in das Bündel des Lebens.«

Eulogien für Frauen bieten zunächst wenig Anhalt, Eulogien für Männer verraten indes mehr. Prototyp für eine Eulogie für die Frau ist die »wackere Gattin« (Sprüche 31, 10-31), die »Herrin des Hauses« und die »Krone des Mannes«. Oft wird auch die Jungfräulichkeit (donzella) bzw. der Umstand, dass die Verstorbene unverheiratet war, betont. Beliebt ist besonders das Lob auf die gottesfürchtige Frau (Sprüche 31, 30: »Ein Weib, das den Ewigen fürchtet, das werde gerühmt«) Beliebte Epitheta für Frauen sind: bendita (gesegnet, selig), caritativa (mildtätig), devota (fromm), discreta (klug, bescheiden), honesta (ehrbar), justa (gerecht), perfeita (vollkommen), pia (fromm), preciosa (geschätzt, wertvoll), pura (rein), temerosa (gottesfürchtig), virtuoza (tugendsam) etc.

Schlussformeln

Jüdische Grabinschriften enden in fast allen Fällen mit einer Schluss- und Segensformel, die in den hebräischen bzw. portugiesisch-spanischen Inschriften meist abgekürzt wiedergegeben werden, seltener ausgeschrieben sind: S.A.G.D.[E.]G.A. = Sua Alma Goza da [Eterna] Gloria. Amen (Seine / Ihre Seele ruhe im [ewigen] Frieden. Amen) und תנצב״ה = תהי נפשו צרורה בצרור חיים (Seine Seele sei eingebunden in das Bündel des Lebens [1. Samuel 25, 29]).

ABB. 24 | *Ein wieder-verwendeter Grabstein: Auf der Rückseite des Steins für Rahel Debora Chilāo steht eine christ-liche Inschrift (s. S. 104).*

ERWÄHNUNG EINER KRANKHEIT UND DER TODESURSACHE

Nur ausnahmsweise enthält eine Grabinschrift einen Hinweis auf Krankheit oder die Art des Todes. Im Fall des 1628 verstorbenen Simhon Hizkiau Machorro erfahren wir etwas über seine Söhne, die nach kurzer Krankheit starben: »Ich lebte in meinem Haus zufrieden und in der Blüte (meiner Jahre). Der Tod sprang mich an und schnappte nach mir, bevor ich das Gebot erfüllen konnte ›Seid fruchtbar und mehret euch‹. Ich fragte nicht nach einer Frau. Es war mir nicht erlaubt. So nehme ich den Vorwurf meines Sohnes an, der sterbenskrank wurde. Der Tod machte mich zu Staub in der Blüte meiner Tage. In meinem Leben war mein Name Simhon und später Hizkiau, um mich zu heilen. Aber er heilte mich nicht, und auch Machorro als Familienname. Jetzt nahm mich der Fels zum Garten Eden. Am 23. Marheshvan machte ich mich auf zu dem, der mich erschaffen hatte. Und der Engel Michael kam und holte mich. Er zeigte mir ›die Augen des Königs der Könige‹.« [Chronogramm für das Jahr 378].

*Das jüdische Jahr ist ein Lunosolarjahr, d.h. ein kombiniertes Sonnen-
und Mondjahr. Wie das christliche Sonnenjahr hat das jüdische Mondjahr
zwölf Monate, jedoch nur 354 Tage. Um den Ausgleich mit dem Sonnenjahr zu erreichen, wird ein dreizehnter Monat am Ende eines 3., 6., 8., 11.,
14., 17. und 19. Jahres eingeschaltet. Im Lauf von jeweils 19 Jahren gibt
es zwölf Jahre mit je zwölf Monaten und sieben Jahre mit je 13 Monaten.
Dieser Schaltmonat heißt Adar Sheni oder Veadar (hebr. für zweiter Adar).
Die Woche beginnt mit dem Mozaej Shabbat, dem Sabbatausgang, und
endet mit Sonnenuntergang am Samstagabend. Die ersten fünf Tage der
Woche werden einfach durchgezählt: yom alef bzw. yom rishon (Erster Tag
/ Sonntag) bis yom hé (Fünfter Tag / Donnerstag). Der sechste Tag heißt
in der Regel erev shabbat kodesh (hebr. für Rüsttag des heiligen Sabbat),
der siebte Tag heißt meist shabbat kodesh (hebr. für heiliger Sabbat). Weil
die zweiundzwanzig Buchstaben des hebräischen Alphabets einen nume-
rischen Wert haben, werden Jahreszahl sowie Monats- und Wochentag
nicht durch Zahlen, sondern durch hebräische Buchstaben wiedergegeben.
Auf vielen Grabinschriften wird die Jahrtausendzahl weggelassen, was
durch die zusätzliche hebräische Abkürzung ק"לפ = לפרט קטן (nach
der kleinen Zählung) gekennzeichnet wird.*

Tag des Todes und Tag der Beerdigung

Nicht immer einfach ist die Lesung des Todesdatums, das in der Regel
mit dem jüdischen Kalender, manchmal auch mit dem julianischen
bzw. gregorianischen Kalender angegeben wird. Die Jahre des jüdischen Kalenders werden »nach der Erschaffung der Welt« gezählt, die
auf das Jahr 3760 vor der christlichen Zeitrechnung datiert wird. Die
Umrechnung in das entsprechende bürgerliche Jahr erfolgt durch
das Weglassen der Jahrtausendzahl und das Addieren von 1240. Da
das jüdische Jahr im September / Oktober anfängt, fallen die ersten
drei bis vier Monate Tishri, Heshvan, Kislev und ein Teil des vierten
Monats Tevet in das jeweilige Vorjahr des bürgerlichen Kalenders.

In der Regel informieren die Grabinschriften über den Todestag, seltener über den Tag der Beerdigung, die gewöhnlich innerhalb von 24 Stunden nach dem Tode stattfindet. Häufig komplettieren Angaben über die Stunde des Todes, den Tag der Beerdigung, das Tierkreiszeichen, in dem der Verstorbene geboren wurde oder starb, einen jüdischen Festtag, auf den der Todestag fiel, das exakte Alter (in Jahren, Monaten, Wochen, Tagen und Stunden) des Verstorbenen: »Grabstätte der seligen, tugendhaften, mildtätigen und gottesfürchtigen Angela Miriam, Ehefrau des Isaac Hizkiau Abendana Mendes. Verstorben am 5. Tag, dem 16. Heshvan und bestattet am 6. Tag, dem 17. desselben Monats des Jahres 5570. Ihre gebenedeite Seele ruhe in ewigem Frieden.«

Der sechste Tag heißt häufig ערב שבת קודש (Vorabend / Rüsttag des Heiligen Sabbat), der siebte Tag heißt entweder »Tag des Sabbat« (יום השבת) oder »Tag des Heiligen Sabbat« (יום השבת קודש), abgekürzt durch ש"ק.

Statt der gewöhnlichen Angabe der Jahre durch die im Hebräischen als Zahlzeichen geltenden Buchstaben wird das Datum häufig durch ein Chronogramm bzw. Chronostichon ausgedrückt. Darunter ist entweder eine Zerlegung der Zahlzeichen eines Wortes wie שלום (Frieden) = 376 zu verstehen oder ein ganzer und langer Satz, der irgendeine Anspielung auf den Namen des Verstorbenen, seine persönlichen Verhältnisse oder auf die Zeitumstände etc. enthält, wobei die zu zählenden Buchstaben entweder durch größere Schrift oder durch Suprapunktation hervorgehoben werden. So zum Beispiel in der Inschrift der 1725 verstorbenen Hana Judit Abendana Mendes: »Grab der züchtigen und geachteten Frau, die Frau Hana Judit, Ehefrau des geehrten Herrn Joseph Abendana Mendes. Verstorben am 29. des Monats Adar des Jahres »Gebet ihr von der Frucht ihrer Hände« (Chronogramm für das Jahr [5]485) nach der kleinen Zählung. Ihre Seele sei eingebunden in das Bündel des Lebens.«

Die teilweise sehr präzisen Datumsangaben in den portugiesisch-jüdischen Grabinschriften geben Auskunft über den Todestag, die Stunde des Todes, das Alter des Verstorbenen in Jahren, Monaten, Wochen, Tagen und Stunden. Während aschkenasische Juden im

17. Jahrhundert auf den Grabinschriften das Jahr, den Monat und den Tag des Todes vermerken und sich ausschließlich nach dem jüdischen Kalender richten, haben sefardische Juden keine Schwierigkeiten mit dem bürgerlich-christlichen Kalender. Sie geben die Sterbedaten sowohl nach dem jüdischen als auch häufig nach dem bürgerlichen (gregorianischen und / oder julianischen) Kalender wieder, häufig mit dem Zusatz »que corresponde« (portugiesisch für entspricht), wie zum Beispiel auf dem Grabstein der 1807 verstorbenen Sara Hana Abensur: »Grabstätte der seligen, frommen und hingebungsvollen Sara Hana, Ehefrau des Abraham Abensur. Verstorben am 3. Tag, Purim, dem 14. Adar Sheni des Jahres 5567, was dem 24. März 1807 entspricht. Im Alter von 46 Jahren, 9 Monaten und 7 Tagen. Ihre Seele ruhe in ewigem Frieden.«

Wassersegen

Mit dem himmlischen Tau (טל השמים) zitiert die Grabinschrift für Sara Miriam Senior Coronel (Abb. 68) ein Motiv, das als »Wassersegen« in der jüdischen Literatur bekannt ist: Gott wird einst den Frommen zu neuem Leben erwecken (»Gott wird ihn beleben und er wird im herrlichen Lande Palästina auferstehen«; Gott wird ihn mit dem Tau aus dem Schlafe zum Leben erwecken«; »er möge erwachen und mit dem Tau des Lichtes auferstehen«).

In der hebräischen und arabischen Dichtkunst Andalusiens ist der Grabsegen durch Regenwolken sehr häufig. So verwendet Mose ibn Ezra in einer Elegie auf eine Frau folgenden Segen:

»Möge ER den Felsen ihres Grabes mit den Wassern der Wolken tränken, so dass sie niemals die Wüste fürchten möge.« Und in seiner Elegie auf eine Mutter schreibt er: »Möge eine Wolke ihr Grab tränken mit den Wassern des guten Willens, und möge eine Schicht von Tau jeden Morgen liegen.« Und Yehuda ha-Levi schreibt in einer Elegie: »Möge ER auf seinem Grab den Morgentau ausschütten.«

Mindestens vier weitere Hamburger portugiesisch-hebräische Grabinschriften zitieren den himmlischen Tau:

– »Im Alter von 25 Jahren wurde ich vom Himmel gerufen und liege nun in diesem Grab. Mein Mentor und mein Lehrer war meine fromme Mutter: Und wenn der Tau fallen wird, wollen wir auferstehen und gemeinsam zum Herrn, unserem Gott, aufsteigen, und werden vor ihm leben« [Imanuel Abudiente, gest. 1655].

– »Auch Jacob ging seines Weges und ihm begegneten Engel Gottes [1. Mose 32, 2]. Er ist teuer und erlaucht, gebildet und klug, unser ehrenwerter Lehrer, der Herr Jacob Coronel, das Andenken des Gerechten sei zum Segen. Verschieden ins Haus seiner Ewigkeit am dritten Tag, dem zweiten Tag des Monats Adar des Jahres 439 (Chronogramm) ›denn ein Tau des Lichts ist Dein Tau‹ [vgl. Jesaia 26, 19] nach der kleinen Zählung. Seine Seele sei eingebunden in das Bündel des Lebens.«

– »Abraham, Sohn des Isaac Jessurun. Er wurde zu seinem Volke versammelt [1. Mose 35, 29] in der Blüte seiner Jahre [vgl. Jesaia 38, 10]. Und dieser Stein wird ihn bedecken, ihm Bewahrung und Schutz sein, bis dass der Tau der Auferstehung auf ihn niedergeht, denn der Tau des Lichtes [vgl. Jesaia 26, 19] ist Dein Tau. Verstorben am 28. des Monats Elul des Jahres 5443. Seine Seele sei eingebunden in das Bündel des Lebens.«

– »Diese Höhle und dieser Stein und dieser Hügel sei ein Zeichen, und diese Erde wird den bedecken, der zurückkehrt in den Himmel, so daß die Erde ein Ruheplatz und Wohnung ist für jemanden, der fromme Werke liebte, der aufrecht war und gewissenhaft, der geliebt, geschätzt, geehrt und geachtet wurde. Zeugnis sei dieser Haufen und Zeugnis sei diese Säule [vgl. 1. Mose 31, 52] bis der Tau auf diesen Gerechten niederkommt und bis das dieser Greis, mit der Krone des grauen Haares gekrönt, erblühen wird wie eine Blume. Seht, es ist der teure, geachtete und angesehene Greis, der Herr Michael Aboab, es sei seiner zum Guten gedacht. Verstorben am 1. Tag, dem 21. Tag des Monats Adar des Jahres 5395.«

AKROSTICHON

Selten ist in den sefardischen Inschriften die in hebräischen Grabinschriften so beliebte Stilform des Akrostichons (vgl. auch das Epitaph von Naftali Hartwig Wessely, S. 147). So ergibt zum Beispiel auf
dem Grabstein der 1684 verstorbenen Gracia Sara Rodrigues Mendes der erste Buchstabe einer jeden Zeile den Vornamen Gracia:

[G]   גם כי חוצבת לך פה קבר לרוח

[R]   רני כי אל זאת לאת געי גרע

[A]   אילן תרמי וכמו פרי או גרע

[S]   סובב סובב הולך ושב הרוח

[I]   יום הוגאל משחת חייכי

[A]   אג תתחדש כנשר בנעוריכי

GRABGEDICHTE

Grabgedichte in hebräischer Sprache sind recht häufig, Grabgedichte in portugiesischer bzw. spanischer Sprache sind hingegen relativ
selten. So zum Beispiel auf dem Grabstein des 1761 verstorbenen
Jacob Rafael Cohen Belinfante (Abb. 57), dessen Inschrift wenig
später die Grabinschrift von Jonathan Eibeschütz teilweise zitiert:

TAÕ BEM ESTO COM MEU MAL
DESPOIS QUE PERDI MEU BEM
QUE O BEM ME PARECE MAL
O MAL ME PARECE BEM
A DITTA DE MERECER
NAÕ A PUDE BEM LOGRAR
SEM PRIMEIRO PADECER
A CABO DE BEM PENAR

(*So gut fühle ich mich mit meinem Unglück, nachdem ich mein Gut
verloren habe, dass das Gute mir nun schlecht erscheint und das
Schlechte gut. Das Glück einer Belohnung konnte ich erst nach großem
Leiden gewinnen*)

Michael Studemund-Halévy |

SEFARDISCHE GRABKUNST

Auf dem portugiesischen Teil des Jüdischen Friedhofs an der Königstraße befinden sich heute noch 1.652 mehr oder weniger gut erhaltene Grabsteine bzw. Steinfragmente: 1.535 aus Oberkirchener Sandstein, zweiundfünfzig aus Marmor, zweiundsechzig aus Kalkstein, dazu zwei Sarkophage aus Cottaer Sandstein sowie ein Grabstein aus Basalt. Zu den liegenden Grabplatten kommen neunundzwanzig Tumben oder Zeltgräber, zwei Steinsarkophage sowie einige pflockartige Stelen. Grabplatten und Zeltgräber existieren sowohl in schwarzem Marmor als auch in weißem Stein, aus dem die frühesten Gräber sind. Das Material ist Obernkirchener und Cottaer Sandstein, Kalkstein, Basalt oder weißer Marmor aus Carrara. Große Doppelplatten decken die Gräber von Ehepaaren, Geschwistern (s. Abb. 108) oder Eltern mit ihren Kindern, kleine Platten bzw. kleine Zeltgräber decken die Grabstellen früh verstorbener Kinder. Wie wertvoll das Steinmaterial gewesen sein muss, zeigt der Grabstein der 1635 verstorbenen Rahel Debora Chilão, der ursprünglich ein christliches Grab deckte, wie eine deutsche Inschrift auf der Rückseite zeigt (Abb. 24). Neben einigen sarkophagähnlichen Steinblöcken sind vor allem die lang gezogenen, abgestumpften, pyramiden- oder zeltähnlichen Gräber aus weißem Marmor eine augenfällige Besonderheit (Abb. 6). Zeltgräber stehen

ABB. 25 | *Die Werkzeuge eines Totengräbers schmücken den einer Truhe ähnelnden Grabstein des Semuel Hizkiau Esteves.*

bevorzugt nebeneinander, seltener findet man sie isoliert zwischen Grabplatten. Augenfällig ist weiter ein an eine flache Truhe erinnernder Grabstein des 1704 verstorbenen Semuel Hizkiau Esteves, an dessen Langseiten die Werkzeuge eines Mitglieds der Beerdigungsbrüderschaft wie Leiter, Spaten, Seile und Taue abgebildet sind (Abb. 25).

Grabformen und Grabmotive

Der Hamburger Portugiesenfriedhof an der Königstraße, dessen ehemalige Pracht heute noch immer erkennbar ist und jeden Besucher in Erstaunen versetzt, zählt wegen seiner Grabkunst zu den wichtigsten sefardischen Friedhöfen in Europa. Umfassende Studien zur sefardischen Grabkunst sowie detaillierte Einzelstudien zum künstlerischen Aspekt der Grabsteine, ihrem Formengut, zu Einzelmotiven oder Wappen (Abb. 43-46) auf den Hamburger Portugiesenfriedhöfen stehen noch aus. Ebenso fehlen vergleichende Studien zur gleichzeitigen christlichen Grabkunst, die uns erklären könnten, in welchem Ausmaße die zahlreichen biblischen Szenen

ABB. 26 | »Grabstätte der seligen und tugendsamen Debora Hana Mussaphia, die zu ihrem Volk gerufen wurde am 10. Kislev des Jahres 5460«: Kinder zwischen einem Stundenglas beweinen den Tod einer Frau.

auf den Grabsteinen in Hamburg, Amsterdam und Curaçao einer frühen Assimilation der iberischen Juden an die Kultur der Niederlande und des protestantischen Norddeutschlands geschuldet sein könnten (Abb. 33-39).

Die eine ganze Grabstelle bedeckenden Grabplatten (Abb. 26-28) sind ausgezeichnet gearbeitete Kunstwerke mit dekorativen und allegorischen Abbildungen. Sie schließen oben horizontal ab, andere mit einem Rundbogen, mit oder ohne Verbindung von Säulen. Und in der Regel begrenzen erhöhte Rosetten, häufig in der geometrischen Zierfigur des »ewigen Rades«, sowie runde, rosettenähnliche Verzierungen an den Ecken des Steins außerhalb der Einrahmung den Stein, so wie man es von den jüdischen Sarkophagen der Antike kennt. Dieses Dekor erinnert aber auch an die zeitgleichen katholischen Vorbilder auf der Iberischen Halbinsel und die protestantischen Vorbilder in Nordeuropa. Häufigste Schmuckelemente sind neben den Rosetten breite Traubenranken, Perlstäbe, Palmenzweige oder Draperien als Rahmen. Bearbeitete Teile der Oberfläche, die Inschriften, symbolische Motive oder Bildszenen enthalten, sind entweder in den Stein vertieft oder erhaben gearbeitet und durch feine Profile von der übrigen Steinplatte abgesetzt. Die plastischen und realistischen Reliefs sind meist in den Feldern am Kopf oder am Fuß angeordnet, die Wappen mit wenigen Ausnahmen aber immer in der Mitte. Auf die liegenden Grabplatten setzten die Steinmetze die Inschriften mit Vorliebe in geflochtene Kränze, florale Schmuckbänder oder in barocke Kartuschen. Halb nackte Eroten, Putti oder Engel oder weinende Kinder mit ausgebreiteten Tüchern, die häufig mit Inschriften gefüllt sind, betrauern den Toten (Abb. 26).

Die flachen, liegenden, manchmal aufgemauerten Grabplatten schmücken hebräische bzw. portugiesisch-spanische Texte, die auf der Platte entweder umlaufen oder in Zeilen mehr oder weniger kunstvoll untereinander angeordnet sind. Die eingegrabene Schrift ist am Kopf fast immer in hebräischer, am Fuß in portugiesischer Sprache. Die portugiesischen Texte sind fast immer in lateinischen Majuskeln (mit oder ohne Kursivschwünge), seltener in Schreibschrift. Dazu kommen fein ziselierte Buchstaben und gemeißelte florale und geometrische Ornamente. Die meist zweisprachigen Grabtexte sind gewöhnlich ornamental oder architektonisch gerahmt: häufig in runden bzw. ovalen Medaillons oder geflochtenen Kränzen oder schwungvoll integriert in barocke Kartuschen oder Pflanzenumrahmungen. Seltener findet man sie auf einfachen oder doppelten Tafeln, die vielleicht als »Tafeln des Bundes« die Gesetzestafeln symbolisieren sollen.

Eine weitere, für viele Besucher ungewöhnliche Grabform ist das an ein Zelt oder eine Pyramide erinnernde Grabmonument (אהל / Ohel), das nach oben spitz zuläuft und dreieckige Schmalseiten besitzt (Abb. 29-32). Die gesamte Fläche der Langseiten wird von je einem hebräischen bzw. einem hebräischen und / oder einem portugiesischen Text ausgefüllt, manchmal nur von einem Familienwappen unterbrochen (Abb. 6). Ein reiches Schmuckband aus floralen Elementen rahmt die lang gezogenen Schriftfelder ein. Die Oberkante ist oft zu einem schmalen Band mit Textzeile und / oder floralen Elementen ausgebildet, auf den beiden Schmalseiten finden sich künstlerische Motive wie Baum, Sonne, eine biblische Szene (Abb. 33-39), ein aufgeschlagenes Buch (Abb. 29, 32), florale Elemente und Embleme. In einem Fall wurde das (heute zerstörte) Zeltdach von vier an den Ecken postierten Engeln getragen (Abb. 31).

GRABSCHMUCK

Auf den sefardischen Grabsteinen entfaltet sich im 17. und 18. Jahrhunderts eine Fülle von Motiven sowie ein reiches Bildprogramm figürlicher Szenen (Abb. 27-28), das auf den ersten Blick für die jüdische Kunst nicht charakteristisch ist, das große Ähnlichkeit mit der zeitgenössischen christlichen Kunst aufweist und wohl nur aus einem christlichen Einfluss heraus befriedigend zu erklären ist. Die Einzigartigkeit der jüdisch-portugiesischen Grabkunst zeigt sich vor allem in der Darstellung von Menschen- und Tiergestalten unter Verletzung des zweiten Gebots: »Du sollst Dir kein Bild machen, kein Abbild dessen, was im Himmel droben und was auf Erden hier unten und was im Wasser und unter der Erde« (Exodus 20, 4),

ABB. 27 UND 28 | *Grabsteine für Ester Benveniste (gest. 1716) und Hana Castro Mendoza (gest. 1716): Die Abbildung einer Frau mit Kindern an der Brust weist in der christlichen Tradition auf die liebende Mutter hin (carità).*

das später mit dem Verbot der Bilderverehrung (2. Mose, 20, 5) verknüpft wurde. Die Bildszenen erklären sich zum einen aus der jüdischen Kunst, so wie wir sie aus der hebräischen Buchmalerei, vor allem aber aus den kunstvoll illustrierten Heiratsverträgen (Ketubbot) kennen. Zum andern aber aus der Tatsache, dass die ins normative Judentum zurückkehrenden Neuchristen lange Zeit noch unter dem Einfluss der christlichen Bilder- und Formenwelt standen.

ABB. 29 - 32 | **PYRAMIDAL- ODER ZELTGRÄBER** *Unter prunkvoll ver-
zierten Grabplatten, Sarkophagen und Pyramidalgräbern (hebr.
ohalim) und gerühmt von bewegenden Eulogien schlafen die Weisen,
die Frommen, die Gelehrten sowie die Stützen der Hamburger und
Altonaer Portugiesengemeinde – Rabbiner, Kantoren, Gemeinde-
älteste und Kaufleute – ihren letzten Schlaf, beweint von Engeln und
Grazien und beschützt von Engeln und Vögeln. Nicht zuletzt wegen
der hier bestatteten hervorragenden Persönlichkeiten, des außeror-
dentlich dekorativen Schmucks der Grabsteine sowie der kunstvollen
Grabinschriften in hebräischer und portugiesischer Sprache zählt der
portugiesische Teil des Friedhofs zu den bedeutendsten sefardischen
Friedhöfen Mittel- und Nordeuropas. Der Reichtum sefardischer
Gräber entfaltet sich dem aufmerksamen Betrachter nicht nur in
den zahlreichen religiösen und nichtreligiösen Symbolen und in der
großartigen Umsetzung biblischer Themen in packende Bildszenen,
sondern auch in der Wahl der Texte und des steinernen Materials
sowie in der kunstvollen Kombination der Symbole, der Bilder und
der Sprachen. Auffällig ist das Fehlen eines siebenarmigen Leuchters
und eines Davidsterns, und selbst das Symbol der Leviten – die
Wasserkanne – ist nicht bekannt. Dafür aber zieren immer wieder
Familienwappen die Grabsteine (s. S. 122-123).*

ESTE IJR F. EM S.
TUOZO F. 29 DE
UARAŌ TESRI
SELOMOH ANNO
ALEUDI 5467
MENES S.A.G.G

Die jüdischen Auftraggeber und ihre (meist) christlichen Steinmetze orientierten sich bei der künstlerischen Gestaltung des Grabsteins an den Druckwerken des 17. Jahrhunderts sowie an den reich verzierten Heiratsverträgen. Architektonische Elemente wie Säulentor und gedrehte Säulen, Grabsteine mit Giebelabschluss und zwei aufgesockelten Säulen, deren gedrehter Schaft mit Weinlaub und Weintrauben umrankt ist, waren ein beliebtes Motiv auf den Titelseiten hebräischer illustrierter Handschriften und im Buchschmuck des 16. und 17. Jahrhunderts. Sie sollten an die Tempelsäulen Jachin und Boaz erinnern (1. Könige 7, 15-22). Im Hebräischen wird die Titelseite eines Buches »Torseite« genannt, wodurch natürlich sofort die Vorstellung eines Tores oder einer Pforte assoziiert wird. Jüdische Buchgestalter machten sich diese Assoziation zunutze und bemühten sich, sie weiterzuentwickeln. In frühen und vor allem in Italien gedruckten Büchern krönten die Titelseite daher die Worte des Psalmisten »זה השער ליהוה צדיקים יבאו בו« (»Dies ist die Pforte des Ewigen, Gerechte treten da ein.«) Ein schönes Beispiel ist das reich verzierte Grab der 1699 verstorbenen Debora Hana Mussaphia: Über zwei Sockeln erheben sich zwei seitliche und mit Weinlaub und Weintrauben umrankte gedrehte Säulen, welche oben mit einem Bogen verbunden sind. In der Lünette halten zwei trauernde Grazien ein Stundenglas (Abb. 26).

Biblische Episoden und Namen

Abraham und Isaac

Die Aqedat Yizhak (עקדת יצחק), die Bindung Isaaks / Isaak-Opfer, gehört zu den wichtigsten biblischen Berichten und ist ein beliebtes Motiv jüdischer Künstler: »Aber der Engel Gottes rief von den Himmeln herab und sprach zu ihm: ›Hier bin ich.‹ Er sprach: ›Strecke nicht die Hand aus nach dem Knaben und tue ihm nichts zuleid‹« (Targum Pseudo-Jonathan zu 1. Mose 22, 9-12). Diese biblische Szene gehört zu den Gräbern, deren Tote Abraham oder Isaac heißen. Der geflügelte Engel auf dem Grabstein des 1700 verstorbenen Isaac de Villa Real trägt einen Heiligenschein, der hier ganz offensichtlich aus der christlichen Kunst übernommen ist (Abb. 37).

Daniel in der Löwengrube

Die Darstellung Daniels in der Löwengrube (Daniel 6, 17-25) ist ein beliebtes Motiv mittelalterlicher hebräischer Handschriften. Auf dem Grabstein des Daniel Jessurun schaut König Darius in die Grube, wo Daniel auf einem Löwen liegt und von zwei weiteren Löwen freundlich bewacht wird (Abb. 33).

David mit der Harfe

Dem von Gott zu höchsten Würden berufenen Hirten David verdanken die Juden die Festigung ihres Königreiches, die Gründung Jerusalems als Hauptstadt und den Plan, daselbst einen Tempel zu errichten. In der mittelalterlichen jüdischen Buchmalerei wird David im Zusammenhang mit Goliath und als Harfe spielender Hirte oder König dargestellt. Auf dem Grabstein des David Namias de Castro ist zu Füßen des Königs das Himmlische Jerusalem zu erkennen (Abb. 36).

Isaac, der auf dem Feld zu Gott betet

Der Grabstein des Isaac Hizkiau da Fonseca (Abb. 38) zeigt im Schmalfeld des Zeltgrabes eine Sonne mit Strahlen, darunter eine betende Gestalt auf einem Feld, die Hand zum Himmel erhoben und mit der hebräischen Beischrift: »Und Isaac war ausgegangen aufs Feld« (1. Mose 24, 63).

Jakobs Traum von der Himmelsleiter

Jakob verkörpert in der jüdischen Tradition Weisheit und Frömmigkeit. Sein Traum von der gen Himmel reichenden Leiter, auf der Engel hinauf- und hinabsteigen, ist Gegenstand zahlreicher jüdischer und christlicher Bilderfolgen zur biblischen Geschichte (1. Mose 28, 12). Jakob träumt von der Leiter als Bindeglied zwischen dem Irdischen und dem Himmlischen. Auf dem Grabstein

ABB. 33-39 | BIBLISCHE EPISODEN UND NAMEN *Figürliche Szenen im Hochrelief sind in der Mishna (erste autoritative Gesetzessammlung des nachbiblischen Judentums) verboten, eine Darstellung des Toten auf einer Grabplatte ist strikt untersagt. Auch hier ist ein christlicher Einfluss nicht auszuschließen. Neben der Verknüpfung von Name und Bibelvers zeigen die sefardischen Grabsteine in Hamburg immer wieder biblische Szenen, vor allem die bekannten Geschehnisse um Daniel, Joseph, Jakob, David, Abraham, Isaac, Selomo und Rahel. Es handelt sich um künstlerisch packend ausgearbeitete Bildszenen, die sich auf den biblischen Text stützen und immer auf den Vornamen des Verstorbenen anspielen.*

des Jacob Semuel Lumbrozo de Mattos entsprechen die Engel formal denen, die wir aus der christlichen Kunst kennen (Abb. 35).

JOSEPH IM BRUNNEN

Die Geschichte von Joseph im Brunnen (1. Mose 37, 18-24) gehört zu den bevorzugten Motiven der jüdischen und christlichen Buchmalerei. In der christlichen Ikonologie stellt die Szene die Unschuld dar. Auf dem Grabstein des Joseph Haim de Lemos ist die biblische Szene realistisch dargestellt (Abb. 34).

RAHEL AM BRUNNEN ALS HIRTIN MIT IHREN SCHAFEN

Der Grabstein der Rahel Fidanque zeigt die biblische Szene: »Und es geschah, so wie Jakob sah die Rahel, Tochter Labans, des Bruders seiner Mutter, und die Schafe Labans, des Bruders seiner Mutter« (1. Mose 29, 9-10). Die Darstellung zeigt Rahel mit dem Hirtenstab und der Schafherde vor einem Brunnen, in den Wasser fließt (Abb. 39).

DARSTELLUNGEN VON TIEREN

Tierdarstellungen stehen mit dem Namen des Verstorbenen im Zusammenhang und gehen auf den Jacobssegen zurück. Dort heißt es zum Beispiel über den Stamm Jehuda: »Jungleu, Jungleu, er kauert, streckt sich, wie Löwe und Löwin« (1. Mose 49, 9). Neben Darstellungen von Vögeln und Greifvögeln sind nur zwei Tierfiguren, die ursprünglich redende Symbole von Vornamen vorstellten, später als Wappenzeichen oder Hauszeichen von bestimmten Familien, auf dem Portugiesenfriedhof bekannt: ein Wolf (ptg. lobo) auf dem Grabstein des 1721 verstorbenen Abraham Jessurun Lobo und ein springender Hirsch (hebr. naftali), der mit dem Stamm Naftali verglichen wird (1. Mose 49, 21), auf dem Grabstein des 1805 verstorbenen Naftali Hirz Wessely (Abb. 67).

PHÖNIX

Der Phönix, der sich nach jüdischer Tradition weigert, im Paradies vom Baum der Erkenntnis zu essen, und Noah nicht zur Last fällt, da er nichts isst, symbolisiert für die Portugiesen das Martyrium der Marranen und die Wiedergeburt des Judentums, aber auch das ewige Leben. Hiob rühmt seine Kinderliebe (Hiob 29, 13-17), und für die Rabbiner und Kirchenväter steht der Phönix für die Wiederauferstehung der Toten. Die Abbildung eines Phönix, der aus den Flammen verjüngt aufersteht, ist auch auf jüdischen Ritualobjekten wie Bechern, Hanukkaleuchtern und auf Amuletten (für Gebärende) zu finden. Der Grabstein des 1704 verstorbenen Semuel Hizkiau Esteves zeigt einen Phönix, der erneuert aus dem brennenden Nest hervorgeht (Abb. 25). Um das Medaillon herum zieht sich ein portugiesischer Spruch: »Nacemos para morrer, morremos para viver« (Wir sind geboren, um zu sterben, und wir sterben, um zu leben, Mishna Avot 4, 22). In der jüdischen wie christlichen Kunst verweist der Phönix auf das Martyrium des Gläubigen.

Pelikan

Der Pelikan wird vom Psalmisten als Ausdruck des trauernden Zion gewertet und gehört in dieser Deutung zu den religiösen Symbolen (»Ich gleiche dem Pelikan der Wüste, bin wie der Uhu der Trümmer. Ich wache und bin wie ein einsamer Vogel auf dem Dache«, Psalm 102, 7-8, 25). In der jüdischen Grabsymbolik Osteuropas ist er der einsame, wachsame Vogel und das trauernde Zion, Symbol des früh vollendeten Lebens. Die Kinderliebe des Pelikans rühmt zum Beispiel Hiob (»Das Straußenweibchen hat seine Lust gebüßt: ist wohl ihr Fittig der des Storches und des Pelikans?«, Hiob 39:13). Auf den Grabsteinen von Frauen wird der Pelikan bzw. das Pelikanweibchen als aufopferndes Muttertier beschrieben, das mit dem Schnabel seine Brust aufreißt, um seine Jungen mit dem eigenen Blut zu nähren. Bei den Marranen erhält der Pelikan als »Symbol für die jüdische Mutter« eine neue Bedeutung, so zum Beispiel auf dem Stein der 1639 verstorbenen Ester Hana Aboab (Abb. 40). Weiter ist der Pelikan ein beliebtes emblematisches Symbol im jüdischportugiesischen Buch- und Fayenceschmuck des 16. und 17. Jahrhunderts, z.B. als Vignette im 1612 in Amsterdam erschienenen Buch »Segunda Parte del Sedur«. Auch in der jüdischen Ritualkunst

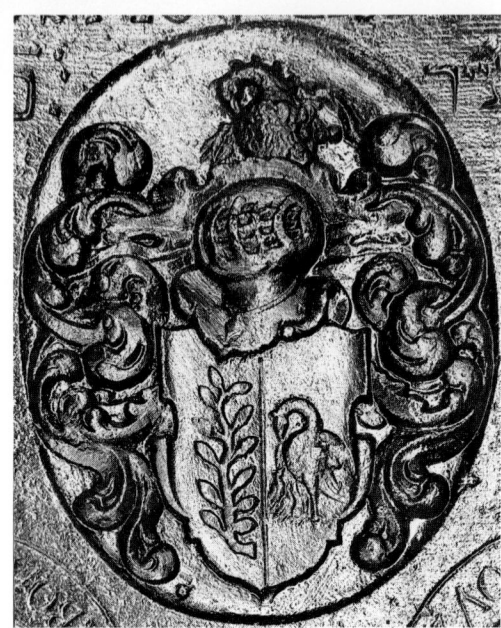

ABB. 40 | *Der seine Jungen fütternde Pelikan steht in der jüdischen Tradition für die Mutterliebe: Grabstein der Ester Hana Aboab (gest. 1639).*

der Aschkenasen ist der Pelikan weit verbreitet, so zum Beispiel auf dem Detail eines Toravorhanges aus der Kasseler Synagoge (»Pelikan, seine Jungen mit seinem eigenen Blut nährend«, 1744), auf einem Sabbatleuchter aus Seret (1832) oder auf einem Hanukkaleuchter.

SCHMETTERLING

Der Schmetterling steht für flüchtiges Leben, schnelle Vergänglichkeit und ewig sich erneuerndes Leben, ist ein allgemeines Symbol, das nicht aus jüdischer Tradition gewachsen ist. Bei den aschkenasischen Juden symbolisiert der Schmetterling seit dem 19. Jahrhundert die Unsterblichkeit der Seele und ihre Befreiung aus dem Körper. Auf dem Hamburger Portugiesenfriedhof ist der Schmetterling nur einmal auf dem Grabstein des 1825 verstorbenen Jacob Mussaphia Fidalgo vertreten.

Auf dem Grabstein der 1715 verstorbenen Rahel Israel ist ein Engel dargestellt, der das Lamm »Israel« schützt, das von Wölfen bedroht wird.

Häufiges Motiv auf den sefardischen Grabsteinen ist die Abbildung von Engeln, die als Vermittler zwischen der göttlichen und der irdischen Welt gelten und in der jüdischen Buchmalerei des Mittelalters, meist im Zusammenhang mit Illustrationen biblischer Themen, vorkommen. Engelsdarstellungen sind vor allem dann zu erwarten, wenn der Text von einem Engel oder mehreren Engeln spricht: Engel, der Abrahams Schwert festhält; Engel, die Himmelsleiter auf- und absteigend; Engel, der einen gefällten Baum auffängt; Engel, der das Lamm »Israel« schützt, das von Wölfen bedroht wird, sowie geflügelte Engel, die ein Spruchband halten.

Vanitas- und Todessymbole

In der jüdischen Grabkunst treten Motive auf, die sich nicht aus der jüdischen Tradition erklären, vielmehr einen allgemeinen Symbolwert besitzen und vor allem in christlicher Grabkunst vorkommen. Hier sind es vor allem Vanitassymbole. Die Künstler der im 17. Jahrhundert populären Vergänglichkeits- oder Vanitassymbole berufen sich auf entsprechende Bibelverse wie Jesaia 40, 6, Psalm 102, 15 und Hiob 14, 1-2. In Holland ist es vor allem Joris Hoefnagel, der am Anfang des 17. Jahrhunderts Allegorien des (kurzen) Lebens mittels Blumen (meist Rosen), Insekten, Vögeln, Grablampen (mit Rauch) und Totengebein darstellt. Zu den Symbolen der Vergänglichkeit, die auch auf den norddeutschen Portugiesenfriedhöfen vorkommen, gehört der Engel mit Trompete, der den Tod des Verstorbenen verkündet; das Stundenglas / Sanduhr (allein auf einem Totenkopf) signalisiert die dem menschlichen Leben gesetzte Grenze und ist Symbol für das Verrinnen der Zeit (»Du bist Erde und sollst Erde werden«, Genesis 3, 19). Die Engel- und Teufelsschwinge zu beiden Seiten des Totenkopfes weisen auf Himmel und Hölle; der Totenschädel, mit oder ohne gekreuzte Gebeine (Abb. 1, 17, 26, 134);

Totenschädel, aus dessen leeren Augenhöhlen Ähren hervorwachsen; die Hand Gottes, die den Toten vor dem Knochenmann rettet, sowie eine Hand mit einer Waage als Zeichen für das Abwägen der Taten des Verstorbenen.

Die Hand, die aus den Wolken kommt und mit einem Beil (Axt) einen blühenden Baum fällt, soll die Macht Gottes über das Leben des Menschen symbolisieren. Dieses alte Motiv ist seit dem 13. Jahrhundert ein beliebtes Motiv in der jüdischen Buchmalerei, wird als Symbol für göttliche Macht und Kraft vor allem in der sefardischen Welt verwendet, ist aber auch auf aschkenasischen Friedhöfen in Osteuropa sowie in der christlichen Emblematik des 16. Jahrhunderts weit verbreitet. Auf dem Grabstein der 1699 verstorbenen Debora Hana Mussaphia füllt die Hand hier die Fläche zwischen zwei Sockeln, die gedrehte Säulen tragen, welche oben mit einem Bogen verbunden sind. In der Lünette halten zwei trauernde Putti ein Stundenglas (Abb. 26). In einigen Fällen ist der Hand, die den Baum fällt, ein Engel zugeordnet, der entweder als Todesengel der jüdischen Tradition (malach-hamevet) zu verstehen ist oder von dem das Schicksal der Menschen begleitenden Schutzengel der christlichen Tradition abgeleitet ist. Und schließlich finden wir dieses Motiv auch auf Amuletten und Toraschilden (tassim). Der Verstorbene hat in der Regel das fünfzigste Lebensjahr nicht erreicht, sein früher Tod kann auch als Strafe für seine Sünden gedeutet werden und verweist auf das biblische »karet« (hebr. כרת, Auslöschen), die Bestrafung durch die Hände des Himmels. Der frühe Tod bei Kindern oder Jugendlichen wird häufig durch eine geschnittene Rose (Abb. 41, 128) oder eine Sichel, die Weizengarbe mähend, dargestellt (Abb. 42).

Eine besondere Bedeutung kommt der geknickten Rose zu, als Symbol für den Tod zur Unzeit, meist auf Grabsteinen Jungverstorbener, aber auch als eine Verheißung, die nicht in Erfüllung ging. Das Bild der Rose kann aber auch als Sinnbild für die Verheißung Gottes an das jüdische Volk verstanden werden: »Ich will sein wie der Tau für Israel, es blühe wie die Lilie« (Hosea 14, 6). Das hebräische Wort für »Lilie« wird umgangssprachlich im Sinne von »Rose« gebraucht.

Weitere beliebte Todessymbole sind die Mohnkapsel, ein Be-
täubungs- und Schlafmittel, die für den ewigen Schlaf steht; der
Pinienzapfen, der Fruchtbarkeit und Leben bedeutet; Efeu und
Lorbeer sollen ewiges Leben, Sieg, Frieden und Unsterblichkeit
symbolisieren, das Füllhorn steht für Reichtum, Überfluss und
gutes Leben, und schnäbelnde Tauben symbolisieren innige Zunei-
gung und Liebe.

SEPULTURA
de Yshack Nunes

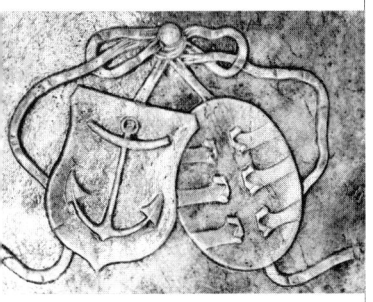

ABB. 43-46 | FAMILIENWAPPEN *Familienwappen, die stolz von der (realen oder fiktiven) aristokratischen iberischen Vergangenheit ihrer Träger künden, sind auf den Portugiesenfriedhöfen Curaçao, Amsterdam und Hamburg zahlreich vertreten. Wappen kommen vor allem auf den besonders reich gestalteten Gräbern aus Marmor vor. Einige Motive, die innerhalb der Familienwappen auftreten, werden auch als Einzelmotive verwendet, so beispielsweise Palme und Anker. Den im oberen Teil von Helmen gekrönten Wappen fehlt häufig der Wappenschild, vielleicht ein Hinweis darauf, dass die Wappen zwar von Juden geführt wurden, ihnen offiziell aber nicht zustanden. Das (heute verwitterte) Familienwappen der Teixeira de Sampayo alias Senior Teixeira zeigt einen Baum, quartiert mit dem in Gold und schwarz gewürfelten Schachbrett der Sampayos (Abb. 6). Dieses Grabmal zeigt große Ähnlichkeiten mit den Ohalim, wie sie zum Beispiel aus Pisa bekannt sind. Auf dem Grabstein des Jacob Hizkiau Senior Teixeira befindet sich ein in vier Felder geteiltes Wappenschild mit zwei Löwen und zwei belaubten Bäumen gefüllt. Und das Wappen der Familie Nunes Henriques besteht aus einem in vier Felder geteilten Wappenschild mit zwei Löwen und zwei Türmen. Aus dem Marquishelm ragt ein nach rechts gewandter Löwe hervor (Abb. 43). Das Wappenschild der Familie Oeb (Brandon) ist von einem brennenden Leuchter besetzt, sicherlich eine Anspielung auf den portugiesischen Familiennamen (ptg. brandão »große Kirchenkerze«, Abb. 45). Die Gräber der Familie Ferro-Abas (ptg. Eisen, Anker) schmückt häufig ein Anker (Abb. 46).*

ABB. 47 - 51 | STAMM- BZW. LEBENSBÄUME

*Mit aller Macht versuchten die ins normative
Judentum zurückgekehrten Portugiesen, sich eine
jüdische Vergangenheit zurechtzulegen. Unter
den großen sefardischen Familien Amsterdams
und Hamburgs wird es Mode, Genealogien und
Familienchroniken zusammenzustellen oder in
Auftrag zu geben. Vielleicht ist der Stammbaum
auf sefardischen Gräbern als ein Neuanfang nach
der Rückkehr ins Judentum zu verstehen und als
ein Versprechen auf ein neues jüdisches Leben.
Stammbäume auf sefardischen Grabsteinen sind
nur in Hamburg bekannt. | So halten auf dem
Grabstein des Gideon und der Judit Cohen Lo-
batto (Abb. 47) die Baumblätter die Namen ihrer
elf Kinder fest: Abraham, Ester, David, Netanel,
Reuel, Jacob, Joseph, Ishak, Moseh, Simson und
Rahel. Auf dem Grabstein der Jael Benveniste
(Abb. 49) tragen Palmblätter die Namen ihrer
zehn Kinder: Abraham, Joseph, Mose, Aron,
Daniel, Sara, Ester, Rahel, Hana und Ribca.
Ebenfalls auf einer Palme sind die Namen der
elf Kinder des Ehepaars Clara und Josua Palache
(Abb. 48) vermerkt: Graça, Simha, Graça, Joseph,
Abigail, Lidisa, Jacob, Rahel, Haim, Ester und
Josua. Stark verwittert ist der Stammbaum auf
dem Grabstein der Hana Machorro (Abb. 50).
Ein außergewöhnlicher Stammbaum befindet
sich auf dem Grabstein des Gideon Abudiente
(Abb. 51), Vater des berühmten Grammatikers
und Verfassers des messianischen Predigtbuches
»Fin de los Días« (Ende aller Tage, Hamburg
1666) Mose de Gideon Abudiente (Abb. 54).
In die Zweige eines verasteten Baums sind neben
Einzelbuchstaben und Vögeln die Namen seiner
sieben Kinder gehängt: Imanuel, Netanel, Pahdiel,
Abraham, Simson, Ester und Mose.*

MESSIANISCHE SYMBOLE

Die Darstellung von zwei Ölbäumen gehört zur Vorstellung vom Paradies und dem »Baum des Lebens« und dem »Baum der Erkenntnis«. Für den Propheten Zacharia wird der Herr zu Beginn der messianischen Zeit auf dem Ölberg in Jerusalem stehen. Ölbäume zwischen einer unter- und aufgehenden Sonne symbolisieren das vergangene Leben, aber auch das Versprechen auf ein neues Leben im Paradies (Abb. 22). Der verdorrte Baum versinnbildlicht den Tod, der blühende die Auferstehung. Kronen gehören zum symbolischen Schmuck der Toravorhänge und der Toraschilder. Auch der Löwe, der eine Krone trägt, wird als Wappenbild des Stammes Juda und als messianisches Symbol aufgefasst.

PRIESTERSEGEN DER AARONIDEN

Die Hände der Kohanim im Segensgestus (»Es segne dich der Ewige und behüte dich«, 4. Mose, 6, 24) sind das geläufigste Symbol des Priestertums und dokumentieren zugleich Anspruch auf die aaronitische Abstammung der Familie, auf die in der Grabschrift in der Regel durch den Namen Kohen hingewiesen wird. Nach der Waschung der Hände spricht der Priester den Segen, zu dem er seine Hände hebt und die mittleren Finger auseinander spreizt. Das Motiv der Hände mit gespreizten Fingern, die immer nach oben zeigen, ist also das Symbol für einen Kohen. Es wird als »Priestersegen« bezeichnet oder als »Hände der Aaroniden« (Abb. 57, 64). Niemals wird es in der jüdischen Kunst als Namenssymbol für Aaron verwendet, sondern es hat grundsätzlich die Bedeutung des priesterlichen Segens. Priesterhände sind auf Frauengrabsteinen nur selten abgebildet, denn die Kohen-Abkunft überträgt sich nur auf die männlichen Nachkommen.

BÜCHER MIT INSCHRIFT UND MIT PRIESTERSEGEN

Ein aufgeschlagenes Buch – mit oder ohne Inschrift – steht generell für Frömmigkeit, für große, in der Regel jüdische Gelehrsamkeit und religiöse Bildung. Bei einem Mann aus priesterlichem Geschlecht (Kohen) liegen die Hände im Segensgestus auf dem aufgeschlagenen Buch. Ein aufgeschlagenes Buch unter einer Keter Tora (כתר תורה), Krone der Lehre, schmückt häufig die Schmalseiten eines Zeltgrabes (Abb. 29, 32, 64 und 70).

Steinmetzkunst

Über die (unbekannten) Hersteller der Grabsteine schreibt Alfonso Cassuto (1910–1990) in seiner unvollendeten Dissertation über den Portugiesenfriedhof an der Königstraße:

»Merkwürdigerweise lassen aber die ersten Grabsteine von 1611–1616 an der Schrift erkennen, daß wir es nicht mit einem gewöhnlichen jüdischen Steinmetzen zu tun haben, sondern mit einem Künstler und zwar der archaisierenden Schrift nach zu urteilen, spanisch-portugiesischer oder italienischer Herkunft. Von 1617 an zeigen die Inschriften einen anderen Charakter, der aber vermuten läßt, daß ein mit hebräischer Schrift sehr vertrauter Steinmetz (höchstwahrscheinlich ein Jude) der Verfertiger ist. Die Buchstaben sind den geschriebenen ähnlicher und weisen einen moderneren Zug auf. Von 1620 an aber verliert sich auf den verschiedenen Grabsteinen die Einheitlichkeit in der Schrift; offenbar sind verschiedene Steinmetzen nichtjüdischer Herkunft bei denselben tätig gewesen, was auch die vielen höchst fehlerhaften Inschriften erkennen lassen [...]. Nicht nur sind einzelne Worte (auch im portugiesischen Text) korrumpiert, – so enthält ein Grabstein die Reihen, ein anderer die einzelnen Worte durcheinandergewürfelt, so daß man annehmen muß, daß die Sätze bzw. Worte sich auf einzelnen Zetteln befunden haben, die durch irgendeinen Zufall durcheinandergekommen sind. Diese beiden Steine stammen aus derselben Zeit (Ester de Andrade 5399 und Reyna Sarruca 5397) und der Schrift nach von demselben nichtjüdischen Steinmetzen. Ein anderer Stein enthält fortlaufend ohne jeden Zwischenraum schlecht leserliche hebräische Buchstaben, so daß weder der Name noch der Sinn der Inschrift sich entziffern lassen.«

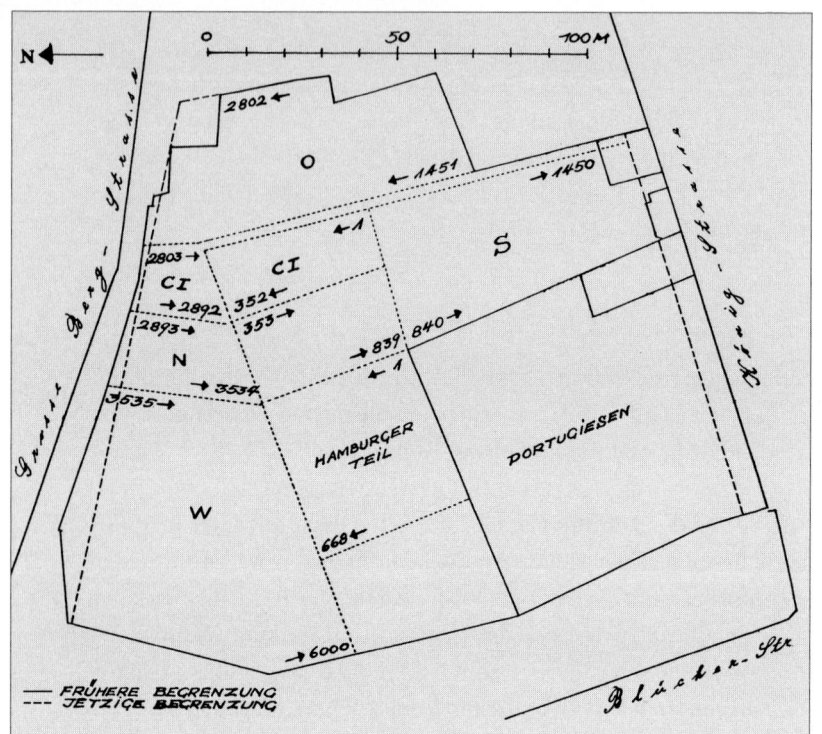

ABB. 53 | *Lageplan des Friedhofs Königstraße von Renata Klée Gobert. Ein exakter Lageplan der Grabsteine auf den aschkenasischen Teilen des Friedhofs wird zur Zeit auf der Grundlage eines Plans aus dem Jahre 1987 von Elke Buchholz von dem Fotografen und Kunsthistoriker Dr. B. Sommer angefertigt. Genauere Pläne des sefardischen und des aschkenasischen Friedhofsteils finden sich auf den Umschlaginnenseiten dieses Buches. Die im Buch erwähnten Grabsteine werden im Register (vgl. S. 218) mit den entsprechenden Planquadraten aufgeführt.*

Michael Studemund-Halévy |

Gräber Sefardischer Juden

Die Absicht dieses Bandes ist, eine Auswahl der Gräber historisch herausragender Personen und kunsthistorisch interessanter Steine zu präsentieren. Die Geschichte und die Topographie des Friedhofs wird nicht nur durch lesbare Steine und auffindbare Gräber erzählt. Auch wenn Steine fehlen, zerstört und nur in Bruchstücken vorhanden oder durch Vandalismus und Witterungseinfluss unleserlich geworden sind, die Gräber sind dennoch da. Auch deshalb kommt dem Fotobestand der Grabsteine eine zusätzliche Funktion zu. Daher werden Grabgeschichten – wie die oben geschilderte des Kopenhagener Hofjuweliers Israel David – und in der Folge einige Steine präsentiert, deren Gräber auf dem Friedhof nicht mehr aufgesucht werden können. Ein zwischen 1985 und 1987 von der Landschaftsarchitektin Elke Buchholz erstellter, bewundernswert detailreicher Lageplan des Jüdischen Friedhofs Königstraße gibt die aktuelle Lage der Grabsteine in vielen Fällen leider nur ungenau wieder (Ein neuer Plan wurde von Dr. Bert Sommer im Auftrag der Stiftung Denkmalpflege erstellt). Weil in vielen Fällen die Lage der Grabsteine der hier in biographischen Skizzen vorgestellten Personen für den Friedhofsbesucher nicht eindeutig zu bestimmen ist, haben die Autoren auf die exakte Bestimmung (Steinnummer) verzichtet. Eine ungefähre Zuordnung der sefardischen und aschkenasischen Teile ist jedoch mit dem Friedhofsplan von Renata Klée Gobert (s. links) sowie der Pläne auf den Umschlaginnenseiten möglich.

Der wahrscheinlich in Hamburg geborene Semuel Abas stammt aus einer bekannten, in Hamburg, Glückstadt und Amsterdam ansässigen portugiesischen Familie. Nach einem Studium in Amsterdam kehrt er vor 1660 nach Hamburg zurück, wo er wiederholt in hohe Gemeindeämter gewählt wird. 1666 beauftragt ihn die Hamburger Gemeinde, zusammen mit dem Oberrabbiner (Haham geral) Mose Israel (s. S. 138-139)nach Konstantinopel zu reisen, um »unseren König Sabetay Seby, dem gesalbten des Gottes Jaacob, dessen Herrschaft sich entfalten möge und dessen Name verewigt werde, die schuldige Huldigung darzubringen«. Seine große Gelehrsamkeit sowie seine bedeutende Bibliothek ziehen zahlreiche Besucher an. In Hamburg übersetzt er das populäre Buch »Hobat Alebabot«« (Pflichten der Herzen) von Bahya ben Yosef Ibn Paquda, um die »Frömmigkeit unter den portugiesischen Juden zu festigen«. Nach seinem Tode erscheint 1693 in Amsterdam der Auktionskatalog seiner berühmten, heute nicht mehr bestehenden Bibliothek (Abb. 73).

DAVID ABENATAR MELO alias FERNÃO ALVARES MELO

GEB. 5329 / 1569

GEST. 9. KISLEV 5393 / 22.11.1632

David Abenatar Melo alias Fernão Álvares Melo wurde 1569 als Kind einer Converso-Familie in Fronteira geboren. Er ließ sich nach 1613 in Amsterdam nieder, wo sein Bruder António Rodrigues Melo seit 1597 lebte. Hier nimmt er den Namen David Abenatar an. 1616 kauft er hebräische und lateinische Drucktypen, um liturgische Bücher drucken lassen zu können. 1624 lässt er sich zunächst in Glückstadt und dann in Hamburg nieder. 1626 erscheint in Frankfurt (Hamburg?) seine Übersetzung der Psalmen in spanischer Sprache.

GRABINSCHRIFT

David Abenatar. Das ist der Grabstein des alten und des geachteten Mannes, reich an Taten, von Kabzeel, der ehrenwerte Herr David

ABB. 54 UND 55 | *Auf dem Portugiesenfriedhof fanden bedeutende Rabbiner, Kantoren, Gelehrte und Dichter ihre letzte Ruhe: Mose de Gideon Abudiente (l.) und David Abenatar Melo (r.).*

Abenatar, der ins Haus der Ewigkeit verschied am 2. Tag, dem 9. des Monats Kislev des Jahres 5393 (Abb. 55).

MOSE DE GIDEON ABUDIENTE

GEB. UM 5370 / 1610

GEST. 2. ADAR SHENI 5448 / 4.3.1688

Der Rabbiner und Philologe Mose de Gideon Abudiente wurde um 1610 in Lissabon (?) geboren. Nach einem theologischen Studium in Amsterdam ließ er sich vor 1633 in Hamburg nieder, wo er als Rabbiner und Privatgelehrter lebte und arbeitete. Er war mit Sara, Tochter des später in Hamburg verstorbenen Reuel Jessurun (Abb. 65), verheiratet. Abudiente verfasste bedeutende Arbeiten in portugiesischer und spanischer Sprache, so zum Beispiel 1633 eine Hebräische Grammatik in portugiesischer Sprache (Hamburg 1633) und 1666 die messianische Predigtsammlung »Fin de los Días« (Glückstadt).

GRABINSCHRIFT

Ach, wer ist der Mann, der mich beim Tod begleiten wird, wenn es Zeit ist zu klagen und Zeit ist zu bestatten? Kein Sohn und kein Vater, kein Bruder wird mich begleiten, kein Gelehrter, kein reicher und kein mächtiger Mann wird da sein. Wer wird kommen zu meiner Befreiung und meiner Erlösung? Oder welches Gold zur Auslösung werde ich aufbringen? Ach, ich weiß, dass meine Arbeit vergebens war in all den Tagen meiner Eitelkeit. Acht Jahre mehr hatte ich als siebzig und meine Zeit also kam, und ein Platz, wo das Grab ist. Ich möchte die Tage der Welt und meinen bevorzugten Zeitvertreib vergessen und ich sagte: Meine Kinder, ich bin der Mann, der mit Erfolg beten wird, solange ich lebe, in einem angenehmen Lied für den Tag meiner Erlösung, der die Glieder verändern wird, um wie ein Zugvogel zu fliegen, wie eine Schwalbe, um für meinen Geist das Licht und den Herrn der Freiheit zu suchen. Grabstätte des bedeutenden und hervorragenden Herrn Haham asalem Ribi Mose Abudiente, den Gott zu sich rief am 2. Adar Sheni des Jahres 5448.

JACOB DE ABRAHAM BASSAN

GEB. 5464 / 1704

GEST. 27. AV 5529 / 30.8.1769

Der in Amsterdam geborene Rabbiner Jacob Bassan hielt anlässlich des großen Erdbebens von Lissabon eine Bittpredigt, die 1755 in hebräischer und portugiesischer Sprache erschien.

GRABINSCHRIFT

Grabstätte des seligen Jacob, Sohn des Abraham Bassan, der Haham asalem der Portugiesischen Nation von Hamburg war, der Heiligen Gemeinde Bet Israel. Er verstarb am 4. Tag, dem 27. Menahem des Jahres 5529. Seine Seele ruhe in Frieden (Abb. 56).

JACOB RAFAEL COHEN BELINFANTE

GEB. 1708

GEST. 24. SIVAN 5521 / 26.6.1761

Jacob Rafael Cohen Belinfante wurde 1708 Amsterdam geboren. Vor 1743 wurde er als Hazan (Kantor) und Sofer (Schreiber) an die Hamburger Gemeinde berufen. Im Auftrag der Gemeinde verfasste er das mit Szenen aus dem Leben Jacobs illustrierte Minhagimbuch (»Livro dos Minhagim«).

GRABINSCHRIFT

Grab des Hazan Jacob Rafael Cohen Belinfante, seine Ruhe in Ehre (vgl. Jesaja 11, 10). Verstorben am Heiligen Sabbat, dem 24. des Monats Sivan des Jahres »Und du wirst das Aufrechte in Seinen Augen tun« (5521) nach der kleinen Zählung. Dies sind die Verse, die der Verstorbene zu seinen Lebzeiten verfasste: Schau auf den Ort, der voller Verzweiflung ist; und jeder, der in ihm wohnt, ruht im Schweigen. Schmerzen sind da, Leiden und Schande für einen

ABB. 58 UND 59 | *Zwei Mitglieder der berühmten Castro-Familie: Dr. Baruch (Benedictus) Namias de Castro (l.) und Rahel Namias de Castro (r.).*

Mann, der nicht die ganze Lehre bewahrte. Erinnere dich daran, wenn Du noch die Kraft zum Atmen hast. Und lobe (den Herrn) und betrachte die Dinge, als ob es sie nicht geben würde. Halte die Religion der Freiheit in dem Innersten Deines Herzen. Dann wirst Du für Dich eine angenehme Welt erben. Seine Seele ruhe in Frieden. So gut fühle ich mich mit meinem Unglück, nachdem ich mein Gut verloren habe, dass das Gute mir nun schlecht erscheint und das Schlechte gut. Das Glück einer Belohnung konnte ich erst nach großem Leiden gewinnen (Abb. 57, Grabgedicht s. S. 103).

BARUCH NAMIAS ALIAS BENEDICTUS DE CASTRO

GEB. UM 5357 / 1597 IN HAMBURG

GEST. 15. SHEVAT 5444 / 31.1.1684

Baruch de Castro besuchte zusammen mit seinem Bruder Daniel / Andre ab 1615 das Akademische Gymnasium in Hamburg. Er studierte Medizin und promovierte am 3.9.1624 an der Universität Franeker. Seit 1622 war er praktischer Arzt in Hamburg, unter anderem als Leibarzt der Königin Christine von Schweden. Gerade wegen seiner großen Erfolge und Gelehrsamkeit wurde de Castro von seinen christlichen Kollegen immer wieder angegriffen und verleumdet (Abb. 58).

<small>GRABINSCHRIFT</small>

Grabstätte des seligen und sehr berühmten Mannes, des Dr. Baruch Namias de Castro. Verstorben am 15. Shevat des Jahres 5444. Seine Seele ruhe in Frieden.

Rahel de Abraham Namias de Castro
<small>GEB. 2. SHEVAT 5553 / 15.1.1793</small>
<small>GEST. 27. HESHVAN 5632 / 11.11.1871</small>

Die literarisch vielseitig interessierte Rahel de Castro unterhielt eine umfangreiche Briefkorrespondenz, die heute Teil der Sammlung Varnhagen in Krakau ist.

<small>GRABINSCHRIFT</small>

Hier ruht die sehr verehrte Jungfrau Rahel, Tochter von Abraham und Rahel Namias de Castro. Geboren am 2. Shevat 5553 = 15. Januar 1793, verstorben am 27. Heshvan 5632 = 11. November 1871. Ihre Seele sei eingebunden in das Bündel des Lebens (Abb. 59).

David Namias <small>alias Dr. Rodrigo de Castro</small>
<small>GEB. UM 5310 / 1550</small>
<small>GEST. 15. SHEVAT 5387 / 1.2.1627</small>

Der berühmte Arzt Rodrigo de Castro studierte in Coimbra, Évora und Salamanca Medizin und Philosophie. 1587 eröffnete er zunächst in Évora, später in Lissabon eine medizinische Praxis. Gegen 1592 lässt er sich zusammen mit seinem Schwager Dr. Henriques Rodrigues in Hamburg nieder, wo er in der Nähe der Petrikirche eine

Praxis eröffnet. Wegen seiner großen Gelehrsamkeit in Gynäkologie und Epidemologie fand er rasch Anerkennung. Er war Leibarzt des Königs von Dänemark, des Erzbischofs von Bremen, der Herzöge von Holstein und Mecklenburg, des Landgrafen von Hessen sowie zahlreicher angesehener Hamburger Bürger (Abb. 60).

Grabinschrift

Dies ist das Grab des hervorragenden Arztes, des erlauchten Alten, der geehrte Herr David Namias, »seine Seele wohnt im Glück«. Er ging hin ins Haus seiner Ewigkeit am 2. Tag, dem 15. (des Monats) Shevat des Jahres 5387. Hier (in) Hamburg. Hier ruht der vortreffliche Mann, Dr. David Namias, dessen gebenedeite Seele vor ihrem Schöpfer die Frucht ihrer Werke ernten möge [vgl. Jesaia 3, 10]. Verstorben am 15. Shevat des Jahres 5387, dem 20. [!] Januar 1627.

Jacob Curiel alias Duarte Nunes da Costa

geb. 23. Elul 5347 / 26.9.1587

gest. 8. Nisan 5424 / 3.4.1664

Duarte Nunes alias Jacob Curiel ließ sich nach einem kurzen Aufenthalt in Glückstadt 1627 in Hamburg nieder. Von 1636 bis 1639 belieferte er die spanische Kriegs- und Silberflotte in Andalusien sowie die spanische Armee in den südlichen Niederlanden. Nach der Wiedererrichtung des portugiesischen Königreichs 1640 wurde er für einige Jahre Portugals inoffizieller chargé d'affaires in Deutschland. 1645 wird er offiziell Resident der portugiesischen Krone (Abb. 72).

Grabinschrift

Grabstätte des Jacob Curiel. Und verstorben am 5. Tag, dem 8. Nisan des Jahres 5424. Seine Seele ruhe in Frieden. Grab des bescheidenen Jacob Curiel, der im hohen Alter »zu seinem Volke versammelt wurde« am 5. Tag, dem 8. des Monats Nisan des Jahres 5424. Seine Seele sei eingebunden in das Bündel des Lebens.

Abraham Haim da Fonseca

gest. 4. Iyar 5411 / 25.4.1651

Abraham da Fonseca wurde nach einem Studium in Amsterdam als Rabbiner an die Hamburger Gemeinde Keter Tora berufen. Seine umfangreiche Bibliothek mit ca. 256 ausschließlich hebräischen Titeln erbte später sein Enkel Abraham da Fonseca in Amsterdam.

Grabinschrift

Dies ist der Stein eines Mannes, der es zu den höchsten Höhen unter den Bewohnern der Erde brachte. Dies ist seine Ruhestatt und hier wird er ausruhen von den Stürmen der Welt und der Geschichte des Elends. Wer wird an seine Stelle treten und wer wird den Herrn anflehen? Wer wird den Herrn beschwören am Tag der Zerstörung? Wer ist er und was für ein Mann wird er sein? In seiner Vollkommenheit und Aufrichtigkeit war er ausersehen, auszubessern die Risse des Hauses. Der vollkommene Mann, er ist der Mann, der größte der Menschen, unser großer Lehrer, Rabbi Abraham Haim da Fonseca. Das Andenken des Gerechten sei zum Segen. Verstorben am 3. Tag, dem 4. des Monats Iyar 5411.

Joseph Frances

gest. 1. Nisan 5441 / 20.3.1681

Der als »portugiesischer Camões« gefeierte Dichter Joseph Francês wurde besonders als Verfasser von Sonetten sowie von Lobgedichten geschätzt, die in zahlreichen Hamburger und Amsterdamer Publikationen erscheinen (Abb. 61).

Grabinschrift

Für Joseph, seiner Gerechtigkeit wegen, der an seinem Felsen festhielt, und in seiner Kraft und in seinem Begehren, um seine Speicher zu zeigen. Und er wich vor dem Bösen, und er ging von uns in Rechtschaffenheit, um an seinem Schöpfer festzuhalten, und dessen Wohlgerüche zu erfahren. Und er kehrte zurück in den Garten Eden, den wunderbaren Wohnsitz des HERRN, um Seinen Garten aufzusuchen, und um in Seinen Himmel zu fliegen, um im Glanze Seines Ruhmes, dessen Erleuchtung vor sich tragend, vor IHM aufzuleuchten und eins zu werden mit Seinen Wohlgerüchen. Grabstätte des seligen und tugendsamen Mannes Joseph Frances. Seine Seele ruhe in Frieden. Er verstarb am 5. Tag, dem 1. Tag des Roshodes Nisan im Jahre 5441.

Mose Israel

gest. 23. Iyar 5433 / 9.5.1673

Mose Israel wurde am 27. Adar 5423 als Nachfolger des aus Venedig stammenden Rabbiners Isaac Jessurun zum Oberrabbiner (Haham geral) ernannt, welches Amt er bis zu seinem Tode bekleidete. Er war somit der letzte Hamburger Oberrabbiner, da sich die deutschen Juden bereits 1670 der Oberhoheit des Altonaer deutschen Oberrabbiners unterwarfen (Abb. 62).

ABB. 61 UND 62 | *Der »Hamburger Camões«, der Schriftsteller Joseph Francês (l.) und der Oberrabbiner (Haham geral) Mose Israel (r.).*

Grabstätte des sehr geehrten Herrn Haham asalem Ribi Mose Israel. Verstorben am 23. Iyar des Jahres 5433. Und der Mann Mose ist sehr bescheiden, bescheidener als irgendjemand auf der Welt. Für den, der in seiner Rechtschaffenheit geht und seinem Schöpfer verbunden ist und der seine schlechten Neigungen bekämpft, dem ist seine Ruhe sicher. Und bei einem Großen in seiner Zeit ist sein Inneres wie sein Äußeres. Seine Belohnung und seine Hoffnung und sein Brot ist reich. Und im Angesicht des Ewigen, der seine Stärke und sein Glück ist und der ihn unter die Schwingen der göttlichen Allgegenwart versammelte. Und er gab seine Erleuchtung dem auserwählten Manne und gab sein Licht und seine Lampe dem Mose als seinen Teil zu Lebzeiten. Grab eines ehrenwerten Mannes, eines aufrechten Mannes. Seine Namen sind Mose und Israel, der den Weg des gesetzestreuen Lebens stärkte nach dem Gesetz von Mose und Israel. Zu seinem Felsen ging er und sein Lied sang er nach dem Lied von Mose und Israel. Und er wird so religiös in seinem gebundenen Leichnam sein wie Rabbi Mose und Israel.

Isaac de Abraham Jessurun

Gest. 13. Nisan 5425 / 9.3.1665

In Kenntnis seiner großen Frömmigkeit und seines bedeutenden Wissens bietet der Vorstand der Hamburger Gemeinde dem aus Venedig stammenden Rabbiner das Amt eines Oberrabbiners (Haham geral) an (Abb. 63).

Grabinschrift

Der Gerechte blüht gleich der Palme. Die Frucht des Gerechten ist ein Baum des Lebens. Dies ist der Erbteil und Ruhestätte, es ist der Grabbesitz. Grabstein des Haham, unser ehrenwerter Lehrer und Meister, der Herr, Herr Isaac Jessurun. Seine Seele sei eingebunden im Bündel des Lebens »und stehe auf zu deinem Lose am Ende aller Tage«. Grabstätte des tugendhaften und gebildeten Herrn Haham Ribi Isaac Jessurun, den Gott zu sich holte am 13. Nisan des Jahres 5425. Seine Seele ruhe in Frieden.

Reuel Jessurun

alias Paul de Pina

Gest. 7. Elul 5394 / 31.8.1634

Der aus Lissabon stammende Reuel Jessurun alias Paul de Pina lebte für kurze Zeit in Brasilien als Kaufmann, bevor er sich 1604 endgültig in Amsterdam niederlässt. 1624 verfasste er den szenischen Dialog »DIALOGO DOS MONTES« (Dialog der Berge). Wenige Jahre vor seinem Tod ließ er sich in Hamburg nieder, wo seine Tochter Sara lebte, die mit dem Rabbiner Mose Abudiente (Abb. 54) verheiratet war (Abb. 65).

Grabinschrift

Grube, bevor ich sie betrete, hat mein Schöpfer Dein Inneres gefüllt. Denn Du bist, Gott, derjenige, der mich sieht: Gott ist mein Freund. Gott ist mein Hirte. Hier ruht das selige gelehrte Mitglied Reuel Jessurun, den Gott zu sich nahm am 7. Elul des Jahres 5394.

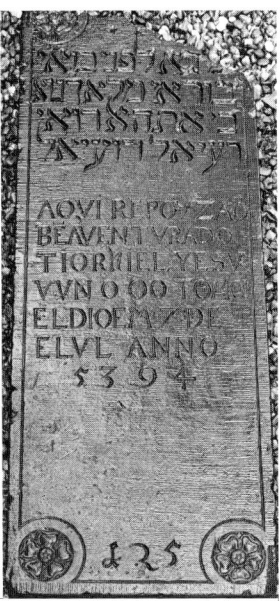

ABB. 63 - 65 | *Aus Italien nach Hamburg kamen der Oberrabbiner (Haham geral) Isaac Jessurun (o.), aus Spanien (?) der Rabbiner und Philologe David Cohen de Lara (l.) und aus Lissabon der Schriftsteller Reuel Jessurun alias Paul de Pina (r.).*

DAVID DE ISAAC COHEN DE LARA

GEB. UM 1602

GEST. 20. TISHRI 5435 / 20.10.1674

Der um 1602 in Hamburg (Lissabon oder Amsterdam?) gebore-
ne David Cohen de Lara zählt zu den bedeutendsten jüdischen
Gelehrten seiner Zeit. Nach dem Studium bei dem berühmten
Amsterdamer Rabbiner und Verfasser der hebräischen Gramma-
tik Isaac de Abraham Uziel lebte er seit 1627 als Rabbiner in Ham-
burg. Um 1639 wird David Cohen de Lara Haham der Hamburger
Gemeinde Neve Salom und nach dem Zusammenschluss der drei
Gemeinden im Jahre 1652 Rabbiner der Einheitsgemeinde Bet
Israel (Abb. 62). Das kunstvolle Epitaph verfasste der berühmte
Amsterdamer Rabbiner Selomoh de Oliveyra.

GRABINSCHRIFT

Eine Sonne ging auf, um der Welt Licht zu geben. Und als sie noch
schien, verdunkelte sich seine Sonne (?). Wenn die Sonne scheint
wie die Morgenhelle, wird seine Seele auf ewig im Glücke wohnen.
Und David war glücklich bei all seinen Wegen, mit seinem Herzen
verstand er, und verschwenderisch war er im Denken. Groß wird
sein Name in Israel genannt, denn er war ein Priester dem höchsten
Gott. Also sollt ihr segnen die Kinder Israel, sprechend zu ihnen:
Mag Er segnen, mag Er leuchten, mag Er sich zu (Dir) wenden.
Grabstätte des berühmten und gelehrten Haham Ribi David Cohen
de Lara. Verstorben am 20. Tishri des Jahres 5435. Seine Seele sei
eingebunden in das Bündel des Lebens.

BINJAMIN DE JACOB MUSSAPHIA FIDALGO

GEB. 9. TISHRI 5472 / 22.9.1711

GEST. 24. TEVET 5561 / 9.1.1801

Der auch als Schriftsteller hervorgetretene Binjamin Mussaphia
Fidalgo besaß neben vielen Büchern sefardischer Autoren eine
kostbare Sammlung von Manuskripten, die 1858 von der damaligen
Hamburger Stadtbibliothek angekauft wird.

Hier ruht der alte und selige Binjamin Mussaphia Fidalgo, Verfasser poetischer Verse, die sich auf der anderen Seite dieses Grabsteins finden. Er verfasste sie, damit sie ihm als Epitaph dienen mögen. Er hat dieses Leben für ein besseres verlassen am 24. Tevet des Jahres 5561, im Alter von 89 Jahren, 3 Monaten und 15 Tagen. Er hinterlässt als Nachkommen zwei Söhne, einen Enkel, 3 Enkelinnen und 5 Urenkel. Seine Seele ruhe in Frieden.

ABRAHAM COHEN PIMENTEL

GEST. 28. ADAR 5457 / 21.3.1697

Abraham Cohen Pimentel studierte in Amsterdam bei Saul Levi Morteira, dem ersten Oberrabbiner der Amsterdamer Gemeinde.

GRABINSCHRIFT

Aber die Krone des guten Namens übertrifft sie alle. Krone des Priestertums. Grabstätte des hervorragenden Herrn Haham asalem Ribi Abraham Cohen Pimentel. Verstorben am 5. Tag, dem 28. Adar des Jahres 5457. Krone der Lehre. Grab des alten und weisen Mannes, unser ehrenwerter Lehrer, der Herr, Herr Abraham Cohen Pimentel. Verstorben am 5. Tag, dem 28. Adar des Jahres 5457. Seine Seele sei eingebunden in das Bündel des Lebens. Grab des angesehenen (erlauchten) Mannes, sein Name ist erlesener als Perlen und sein Duft ist wie Rosen (Lilien) und seine Taten wie die des Abraham. Mit der Weisheit und Verwirklichung [vgl. Jesaia 28, 29] gab er dem Volk die Freiheit inmitten der Ödnis. Er brachte Licht in die Finsternis und lehrte das Gesetz wie Abraham. »Er ist ein Priester dem höchsten Gott« [1. Mose 14, 18] und war bedacht auf das Gute. Auch leitete er mit Verstand jeden Verirrten wie Abraham. Und Engel kommen ihm entgegen und bezeugen seine Gerechtigkeit. Im Garten Eden sei seine Ruhe im verborgenen Lichte wie Abraham (Abb. 70).

SEMUEL DA SILVA

GEB. 5330 / 1570/71

GEST. 29. TEVET 5391 / 3.1.1631

Der aus Porto (?) stammende Arzt Semuel da Silva, geb. 1570/71, studierte Medizin an der Universität von Coimbra und ließ sich vor 1616 in Hamburg nieder. Hier machte er die Bekanntschaft mit dem ebenfalls aus Porto stammenden Juristen Uriel da Costa, dessen Thesen er in seinem »Tratado da Immortalidade da Alma«, das 1623 in Amsterdam erschien und im 17. Jahrhundert sowohl von jüdischen als auch von christlichen Theologen begierig gelesen und diskutiert wurde, vehement bekämpfte (Abb. 66).

GRABINSCHRIFT

Denkmal für Semuel, behüte meine Seele, mein Fels und vor jeder Erschütterung (sei) ihr ein Hüter, dass sie sich ergötze am Licht deines Heils. So spricht Semuel, der Kleine (unbedeutende) 5391 der Zählung schied er hin in die Welt, die gänzlich Ruhe ist, (am) Abend des Sabbat, am Abend des Shevat, am Abend, der Alte, der Sechzigjährige, der Betagte, der Weisheit erwarb, der ausgezeichnete Arzt, der geehrte Herr Semuel da Silva, seine Ruhe sei Wonne.

Abraham Senior Teixeira

alias Diogo Teixeira de Sampayo

geb. 5341 / 1581 in Lissabon

gest. 29. Tevet 5426 / 6.1.1666

Diego Teixeira wanderte aus Portugal aus, um ungestört als Jude leben zu können, wie er später in einem Brief schreibt. Er ging nach Brasilien und führte seit 1613 seine Geschäfte mit kurzen Unterbrechungen von Antwerpen aus. In Antwerpen heiratete er in erster Ehe Branca de Rodrigo d'Andrade und in zweiter Ehe ihre Nichte Anna / Sara de Jorge d'Andrade, die der Neuchristenfamilie Vega de Evora entstammte. Nach einem kurzen Aufenthalt in Köln ließ sich Diego Teixeira, der immer nur »der reiche Jude« genannt wird, im Juli 1646 in Hamburg nieder. Das von ihm und seinem Sohn geführte Unternehmen zählte zu den bedeutendsten von portugiesischen Juden geführten Unternehmen. Die Teixeiras betätigten sich nicht nur im Überseehandel, sondern vor allem in Bank- und Wechselgeschäften sowie im Juwelenhandel. Sie waren Finanziers der dänischen Krone und des holsteinisch-gottorfschen Hofes, vermittelten Geldgeschäfte für die Habsburger und verwalteten die Gelder der schwedischen Königin Christine, die 1655 Diego Teixeira und 1666 seinen Sohn Manoel zu ihren Residenten in Hamburg ernannte (Abb. 6).

Grabinschrift

Grabmal des geehrten Herrn Abraham Senior Teixeira. Verstorben am 4. Tag, den 29. Tevet. Ich aber schaue durch Frömmigkeit dein Antlitz, schwelge erwachend an deiner Gestalt. Und es ziehet dir voran deine Frömmigkeit, die Herrlichkeit des Ewigen schließt deinen Zug. Grab des Abraham Senior Teixeira. Verstorben am 29. Tevet des Jahres 5426. [Seine Seele] ruhe in Frieden.

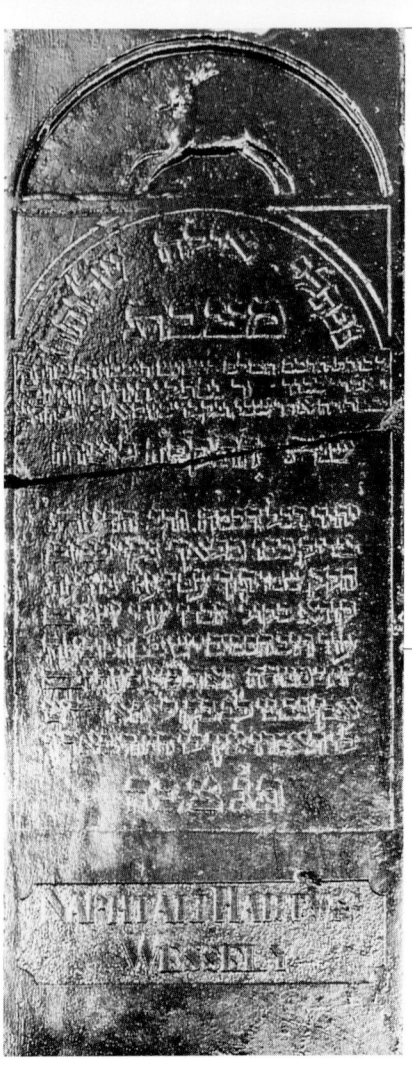

ABB. 67 | *Zeit seines Lebens fühlte sich der Pädagoge Naftali Hartwig Wessely der Kultur der Sefarden verbunden. Mitglieder seiner Familie gehören mit der Familie Dehn zu den wenigen Aschkenasen, die auf dem Portugiesenfriedhof ihre letzte Ruhe gefunden haben.*

NAFTALI HARTWIG (HIRZ) WESSELY

GEB. 3. SHEVAT 5486 / 5.1.1726 IN HAMBURG

GEST. 30. ADAR RISHON 5565 / 28.2.1805

Naftali Hartwig Wessely wurde am 5. Januar 1726 in Hamburg als Sohn von Isaac Beer / Behrend Weisl, der zu dieser Zeit als königlich dänischer Commerzien-Direktor und Agent in Hamburg lebte, geboren. Mit seinem Vater verzog Naftali Hartwig Wessely im Alter von sechs Jahren nach Kopenhagen, wo er neben einer traditionellen Ausbildung im Heder auch eine säkulare Schulbildung erhielt. 1735 ist er Schüler des Grammatikers Salomon Hanau (1687–1746), der ihn als Hauslehrer in der hebräischen Sprache unterrichtet. Später besuchte Wessely die Yeshiva von Jonathan Eibeschütz. Gegen 1755 ließ er sich als Kaufmann in Amsterdam nieder, wo er die Leitung eines Geschäftshauses von dem Berliner Bankier Ephraim Veitel übernahm. Hier machte er Bekanntschaft mit den Sefarden, zu denen er sich zeitlebens besonders hingezogen fühlte und deren hebräische Werke er intensiv studierte. Auf Veranlassung seines Vaters kehrte er 1760 nach Kopenhagen zurück, wo er ein eigenes Handelshaus gründete. Im März 1804 reiste Wessely zur Hochzeit seiner Tochter nach Hamburg. Weil seine Familie und er selbst enge Kontakte mit den Portugiesengemeinden von Amsterdam und Hamburg unterhielten, wurde er als einer der wenigen Nichtportugiesen auf dem Portugiesenfriedhof an der Königstraße beerdigt (Abb. 67).

Grabinschrift

Naftali ist eine flüchtige Hirschkuh (Er gibt schöne Worte). Grab des Haham asalem, der geehrte Alte, der Vorsänger Gottes, R. Naftali Hirz Wessely. Verstorben am Roshodes Adar Sheni und begraben am 1. Tag, dem 2. des Monats des Jahres 5565 nach Erschaffung der Welt. Er war der Weisheit Freund; ein sanfter, edler Greis. Wie Engel Gottes fromm, von jeder Unthat ferne! So lobt die Nachwelt Ihn, dies stille Tugend Preis. Hoch drang Sein Ruf, er steigt zum Zelt der Sterne! Doch ach! hienieden der Weisen trauernd Chor; Erseufzen tief die hängenden Elegien: Erloschen ist, es flammt nicht mehr empor Sein siebenfaches Licht, das einzig unser Erde schien! Seine Seele sei eingebunden in das Bündel des Lebens (freie Nachdichtung vom Verfasser der hebräischen Grabinschrift Abraham Meldola).

ABB. 68 UND 69 | *Auf dem Grabstein der 1635 verstorbenen Sara Miriam Senior Coronel (l.) erinnern die hebräische und die portugiesische Inschrift an die biblische Miriam und ihren Brunnen, der auf der Wanderung der Israeliten ihr Volk mit Wasser versorgte (s. S. 101-102). Rechts der Grabstein von Isaac Namias de Castro (gest. 1669).*

SARA MIRIAM SENIOR CORONEL

GRABINSCHRIFT

Hier ruht die selige und früh verstorbene Frau Sara Miriam Senior Coronel; Ehefrau des Isaac Senior Coronel, die Gott zu sich rief am zweiten Pesahtag des Jahres 5395. Hier ist das Ende jedes Fürsten und jeder Fürstin (Sara). Hier lassen sie ihren Schmuck zurück und die Pracht ihrer Herrlichkeit [vgl. Ezechiel 7, 20]. Hier sind verborgen die Jahre der Lebenszeit Saras [1. Mose 23, 1]. Daher werde ich Miriams Brunnen genannt. Und Sara starb [1. Mose 23, 2] am zweiten Pesahtag des Jahres 395 nach der kleinen Zählung. Hier, wo die Eitelkeit ein Ende hat, hat (Gottes) Herrschaft es bestimmt und

ABB. 70 UND 71 |
Abraham Cohen Pimentel (Biografie/Epitaph S. 143) (l.) und Jehuda Leon Karmi (Biografie / Epitaph S. 149-150) (r.)

sie (die Toten?) mögen Erquickung finden. Hier wurde Sara Miriam begraben, von hier aus wird sie sich des ewigen Ruhms erfreuen. Der Brunnen Miriams werde ich genannt. Hier wird man sich meines Namens erinnern. Hier, in der Blüte (meiner Jahre) geschnitten, werde ich neu (erblühen), wenn der himmlische Tau über mich regnet. Grab der Sara Miriam Senior Coronel. Und es rief sie unser Herr zu sich im Alter von 25 Jahren am 4. April 1635.

ISAAC NAMIAS DE CASTRO (GEST. 1669)

GRABINSCHRIFT

Sein Begräbnis. Grab eines an Taten reichen Mannes und Sohn eines Mannes von Zucht [2. Samuel 23, 20]. Sein Verdienst – vor dem Antlitz des Höchsten [Klagelieder 3, 35]. Und seine Seele als Isaac zum Brunnen Leshai kam [1. Mose 24, 62; 1. Mose 16, 14 und 25, 11]. Grab des seligen und sehr bedeutenden Herrn Isaac Namias de Castro, den Gott zu sich rief am 19. Omer des Jahres 5429. Seine Seele sei eingebunden in das Bündel des Lebens (Abb. 69).

JEHUDA LEON KARMI (GEST. 1672)

Der vielleicht aus Italien stammende Haham Jehuda Karmi ist Privatgelehrter in Glückstadt und Nachfolger des Haham Abraham da Fonseca. Zusammen mit den Rabbinern Jacob Sasportas und Mose Israel (Abb. 62) approbiert er die von Semuel Abas (Abb. 73)

ABB. 72 UND 73 | *Grabstein des Kaufmanns und Gemeindeführers Jacob Curiel alias Duarte Nunes da Costa (Biografie/Epitaph S. 137) (l.) und Grabstein des Rabbiners, Lehrers, Übersetzers und Büchersammlers Semuel Abas (Biografie S. 130) (r.)*

1670 angefertigte portugiesische Übersetzung von »Pflichten des Herzen«. 1648 veröffentlicht er in Amsterdam sein Buch »De Charitate«, in dem er in 25 Kapiteln darlegt, warum die Christen die Juden lieben müssen (Abb. 71).

GRABINSCHRIFT

Groß im guten Namen verstarb er im guten Namen. Jungleu Jehuda [1. Mose 49, 9] wohne in seinem Zelt in alle Ewigkeit in seinem Weinberg Garten Eden. Er sei gelobt, unser ehrenwerter Lehrer, der geehrte Herr, der Herr Jehuda Karmi, vollkommen in guten Eigenschaften. Der Aufrichtige und der Demütige zog über seine Reisestätten: von Mittag bis Bet-El [1. Mose 13, 3], am 6. Tag, dem 1. Heshvan des Jahres »frohlocke« (Chronogramm für das Jahr 5433) meine Seele [Psalm 35, 9] nach der kleinen Zählung. Grabstätte des seligen und ruhmvollen, sehr gelehrten und tugendsamen Herrn Haham Ribi Jehuda Karmi, dessen Seele am ersten Heshvan des Jahres 5433 in die ewige Glorie einging.

ABB. 74 UND 75 | *Steinhaufen auf dem aschkenasischen Teil (l.).*
Grabsteinfragmente von Jacob Fidanque (gest. 1668) (r.).

SEMUEL ABAS

GRABINSCHRIFT

Und da rief der Heilige den Semuel und sprach am 6. Tag, dem
2. Kislev [vgl. 1. Samuel 3, 16]). Krone des Lernens. Hier ruht der
Herr Haham asalem Ribi Semuel Abaz. Verstorben am 2. Kislev des
Jahres 5452. Seine Seele ruhe in Frieden. Grab des Mannes, der von
klarer Sprache war, und weil er weise war in seiner Klugheit und seiner Lehre verdient er den Gan Eden. Er war wie Rav Semuel, besser
als ein Prophet Semuel. Er lehrte wie Semuel. Für immer wird er
vom Namen Semuel leben [Babylonischer Talmud, Baba Batra 12a].
Hier schläft er und schläft nicht. Er wandelt und wandelt nicht,
der Haham asalem, der geschickte Toraschreiber, der Gelehrte, der
ehrenwerte Herr Semuel Abas. Verstorben am 6. Tag, dem 2. des
Monats Kislev des Jahres 5452 (Abb. 73).

Bei fotografischen Dokumentationen des aschkenasischen Teils
wurden in den letzten Jahren mehrere, teilweise stark fragmentierte
sefardische Grabsteine gefunden: Ester Curiel (Abb. 110), Jacob
Fidanque (Abb. 75) und Gracia Benveniste, die möglicherweise im
Zweiten Weltkrieg durch Bomben zerstört worden waren.

Gaby Zürn | Michael Studemund-Halévy | Dan Bondy

GRÄBER ASCHKENASISCHER JUDEN

SAMUEL ALTONA UND SEINE FRAU

Diese beiden Steine befinden sich auf dem Südteil, dem ältesten Teil des aschkenasischen Begräbnisplatzes. Samuel Jehuda Altona, der 1621 starb, war einer der Gründer der Altonaer Jüdischen Gemeinde. Neben ihm liegt seine 1628 gestorbene Frau Gite (Gutchen) begraben (Abb. 80).

GRABINSCHRIFT

Hier ruht der hochbetagte Samuel, der geehrte Herr, Sohn des Jehuda, durch den die heilige Gemeinde Altona gegründet wurde. Verstorben am 3. Tag, Neumond Elul (= 30. Av) 381 nach der kleinen Zählung.
Seine Seele sei eingebunden in den Bund des Lebens.

Dies ist
das Grabmal
der frommen Frau
Frau Gitchen Tochter des Jonatan
Segal Frau des Samuel
gestorben am Sonntag, den 28. Av 5388
Ihre Seele sei eingebunden in den Bund des Lebens.

ABB. 76-79 | RABBINERPORTRÄTS AUS HAMBURG UND ALTONA

13 aschkenasische Oberrabbiner fanden ihre letzte Ruhestätte an der Königstraße: Jonathan Eibeschütz (o.l.) (Grabstein S. 159, Abb. 85 / Epitaph S. 160f. / Biografie S. 160); Zvi Hirsch Zamoscz (o.r.) (Grabstein S. 177, Abb. 112, Epitaph / Biografie S. 176); Raphael Cohen (u.l.) Grabstein S. 156, Abb. 82 / Biografie S. 156-157); Jakob Ettlinger (u.r.) (Grabstein S. 40, Abb. 11 / Biografie S. 157f.).

ABB. 80 | *Doppelgrabstein für Samuel Altona und seine Frau Gite.*

ELKANA BEN PESSAH

GRABINSCHRIFT

Im Anfang schuf. Trauer will ich erheben, in bittres Weinen verfallen über den Tod des treuen Boten, mit tiefer Stimme wie Dröhnen des Widderhorns, denn die Sonne ging unter, gewogen und gezählt. (Er war) ein Weiser, ein Kenner von Parabeln wie Bar Kappar(a), ein Mann, der alles enthielt, eine Zytrustraube, Elkana, Gott erwarb, sein Name, ein geübter Schreiber, Diener und Beglaubter der heiligen Gemeinde Altona. Es ist der Meister, Herr Elkana, Sohn des Herrn Pessah, das Andenken des Gerechten zum Segen, verschieden und begraben am 3. Tag, dem 2. der Zwischenfeiertage des Laubhüttenfestes (des Jahres) 473 nach der kleinen Zählung. Seine Seele sei eingebunden in das Bündel des Lebens. (Grabstein Abb. 81)

ABB. 81 | *Der Gemeindeschreiber (Sofer) Elkana ben Pessah verfasste zwischen 1690 und 1712 zahlreiche Grabgedichte, die viele der Verstorbenen in ihren persönlichen Charakterzügen skizzieren und ein in Versen gehauenes Gemeindeporträt jener Jahre überliefern. (Grabinschrift S. 154)*

ABB. 82 UND 83 | *Grabsteine von Oberrabbiner Raphael Cohen (l.) und seiner Frau Tamar (r.) (Grabinschrift S. 198-199): Die Grabsteine der Frauen sind in der Regel kleiner, ihre Inschriften weniger elaboriert. (Porträt Raphael Cohen s. Abb. 78)*

JECHESKEL KATZENELLENBOGEN

Jecheskel Katzenellenbogen (geb. um 1668) kam aus Litauen und wurde 1713 als Rabbiner nach Altona berufen, wo er bis zu seinem Tode 1749 im Amt war. Seine Amtszeit wurde geprägt und stark beeinträchtigt von zunehmenden und heftiger werdenden Streitigkeiten mit dem in Altona ansässigen Jakob Emden. Der Streit entzündete sich zunächst an halachischen Fragen. Von Seiten Emdens wurden die Angriffe persönlicher und auch nach Katzenellenbogens Tod fortgesetzt. Sein Grabstein wurde erst vor wenigen Jahren auf Initiative seiner Nachkommen restauriert (Abb. 99).

RAPHAEL COHEN

Raphael Cohen (1722 – 1803), Sohn des Rabbiners Jekutiel Süskind, amtierte unter anderem in Minsk, in Wilkomir bei Wilna und in

Posen, bevor er 1776–1799 als Oberrabbiner des Dreigemeindeverbandes bzw. Vorsitzender des Rabbinatsgerichts tätig war. Seine Amtszeit wird als letzte Phase des traditionellen Rabbinats vor dessen Infragestellung und Modernisierung angesehen. Cohen galt als strikter Vertreter jüdischer Observanz, der mit dem Ziel, traditionelle jüdische Lebensformen aufrechtzuerhalten, konsequent gegen jede Neuerung auftrat, die aus den Ideen von Haskala und Aufklärung hervorgegangen war. Insbesondere trat er gegen die Mendelssohnsche Bibelübersetzung auf (Abb. 82, Porträt s. Abb. 78). Sein Enkel, der Jurist Gabriel Riesser (1806–1863), wurde unter anderem als Vorkämpfer für die rechtliche Gleichstellung der Juden bekannt.

Jakob Ettlinger

Jakob Ettlinger (1798–1871) begründete in Mannheim eine Jeschiwa, er war Lehrer von Samson Raphael Hirsch und amtierte ab 1836 als Rabbiner der Hochdeutschen Israelitengemeinde in Altona. Zugleich war er bis 1863 Vorsitzender des jüdischen Gerichts Altona, danach wurde der Bet Din in Altona mit der Emanzipation der Juden im Herzogtum Altona als das letzte staatlich anerkannte Rabbinatsgericht in den deutschen Staaten aufgehoben.

Ettlinger war zudem als theologischer Schriftsteller bekannt. Er gründete 1845 die Zeitschrift »Der treue Zionswächter«, die er zur Publizierung von Stellungnahmen gegen die jüdische Reformbewegung nutzte. Er starb 1871 nach der staatlich verfügten Schließung des Friedhofs an der Königstraße. Zu diesem Zeitpunkt war die Gemeinde noch in Verhandlungen über einen neuen Friedhof und konnte ihre Toten nur auf dem ihr gehörenden Teil des Friedhofs in Ottensen begraben. Um Ettlinger ein Begräbnis auf dem angesehensten und ältesten Friedhof zu ermöglichen, stellte der Gemeindevorstand einen Antrag beim Altonaer Oberpräsidenten mit der Bitte, ausnahmsweise diese Beerdigung auf dem bereits geschlossenen Begräbnisplatz zu genehmigen. Die Beerdigung wurde ermöglicht und Ettlinger neben seiner ersten Frau, der 1842 verstorbenen Gnendl, beigesetzt. Der heute auf dem Friedhof befindliche Grabstein ist eine Rekonstruktion des im Zweiten Weltkrieg zerstörten Originals (Abb. 11). Auch der Grabstein von Gnendl ist zerstört (Porträt Ettlinger Abb. 79).

JAKOB EMDEN

Jakob Emden wurde 1697 als Sohn des Hacham Zwi Hirsch Aschkenazi (1660–1718) in Altona geboren. Er amtierte nach seiner Ausbildung als Rabbiner in Emden (1729–1732). Als Privatgelehrter in Altona führte er mit Genehmigung des dänischen Königs Christian VI. ab 1743 eine Buchdruckerei. Zwischen 1752 und 1766 verfasste er die Autobiografie »Megilat Sefer«. In den letzten Lebensjahren führte er eine lebhafte Korrespondenz mit Moses Mendelssohn und wandte sich säkularen Wissenschaften zu, was ihm in späteren Interpretationen den Ruf eintrug, ein Vorläufer der Aufklärung gewesen zu sein. Wegen ihrer bis zum Tode andauernden Streitigkeiten nehmen Jakob Emden und Jonathan Eibeschütz (Abb. 84-85) eine besondere Rolle in der Gemeindegeschichte ein. Seine Anschuldigung, Eibeschütz sei ein Anhänger des »Messias« Sabbatai Zwi, machten selbst vor dessen früh an Krebs verstorbenen Frau nicht Halt. Emden behauptete, dass durch Hervorhebungen in der Grabinschrift auf dem Stein von Elkl Eibeschütz der Name Sabbatai Zwi zu lesen sei, eine Behauptung, die sich bei genauer Untersuchung der Inschrift nicht bewahrheitet.

Sein Grabmal ist mit einer 19 Verszeilen umfassenden langen Inschrift versehen. Das Akrostichon, hervorgehoben durch die vergrößerten Buchstaben an den Zeilenanfängen, ergibt Emdens hebräischen Namen: Jakob Israel (Abb. 84; siehe auch S. 103).

GRABINSCHRIFT

Grabmal auf der Grabstätte
ein großer Rabbiner der Judenschaft – einer der besten Weisen
Weinen und Wehklagen ertönt im Lager der Hebräer, denn ein
   großes Feuer ist ausgebrochen
Schmuck und Pracht von ihrer Spitze abgeworfen bei dem
   Tod eines weisen Mannes, der mit Mut den Kampf bis zum Tor
   (des Angreifers) zurückschlug

ABB. 84 UND 85 | *Ein Streit, der auch nach ihrem Tod nicht endete: Jakob Emden (l.) und Jonathan Eibeschütz (r.).*

Heilig und lauter war er vom Mutterleib, von Kindheit auf
  machte er Nächte zu Tage, Gottes Lehre ward von ihm geordnet
  und behütet
in seinen heiligen Werken, wie Edelsteine geschliffen, verbreitete er wie auf Fittichen sein Licht in der verborgenen, der
  offen liegenden und der erläuternden Lehre
Gottesfürchtigkeit und Forderungen der Moral wie alle Geheim-
  nisse der Wissenschaften brachte er ans Licht
ein großer Fürst in Israel ist gefallen sollt ihr wissen hat der Herr uns
  von unserer Spitze genommen, entfernt einer Kette edler Steine
das meiste seiner Lehre und Weisheit sind schriftlich noch verborgen in seinem Lehrhaus, mögen sie Licht sehen
Herr aller Hirten und wunderbarste im Synhedrion, am Tag er
  weggenommen wurde, ging die Sonne unter und erlosch der
  lautere Leuchter

ihm gebührt das Weinen und das Trauern, denn ein Wall war
er uns an Tagen des Zorns, der Gefahr und viel Unglück
der vornehme Herr, der berühmte außerordentliche Talmudgelehrte, bewandert in allen Kammern der Tora, den offen
liegenden und den verborgenen und in allen Wissenschaften.
Kein Geheimnis entging ihm
Unser ehrbarer Lehrer der Rabbiner, unser Lehrer und Rabbiner
Jakob Israel genannt Ja'awez ein Frommer Sel.A. in die
zukünftige Welt
Vorsitzender des Rabbinatsgerichts der heiligen Gemeinde
Emden, Gott möge sie erhalten, Sohn von dem Frommen, dem
großen außergewöhnlichen Talmudgelehrten, dem berühmten
Chassid
der universale Weise und Herr, Lehrer und Rabbiner, der Rabbi-
ner unser Lehrer und Rabbiner Zwi, genannt Chacham Zwi,
ein Frommer Sel.A. in die zukünftige Welt
Vorsitzender des Rabbinatsgerichts der drei Gemeinden AH'U
Gott möge sie erhalten: seine Seele verließ ihn in Reinheit am
Freitag, Vortag zum Heiligen Sabbat
1. Neumondstag Ijar 536 nach der kleinen Zählung und sein
Körper wurde begraben kurz vor Eingang des Heiligen Sabbat
Seine Seele sei eingebunden im Bund des Lebens unter den
Fittichen der Göttlichkeit, wie das Leuchten den Himmel
erleuchtet.[1]

Jonathan Eibeschütz

Jonathan Eibeschütz wurde um 1690 in Mähren geboren und amtierte lange Jahre als Rabbiner in Prag. 1741 erhielt er einen Ruf
nach Metz. Als Nachfolger für Jecheskel Katzenellenbogen wurde
er 1750 nach Altona geholt, wo er 1764 starb. Durch seine zum
großen Teil nach seinem Tod veröffentlichten Schriften erwarb er
sich posthum einen Ruf als hervorragender Kenner des rabbinischen
Schrifttums. Er galt zudem als guter Prediger (Grabstein Abb. 85,
Porträt s. Abb. 76).

Hier liegt begraben
unser heiliger Lehrer
Großlehrer aller Söhne der Diaspora, ein Greis,
   er stand der Talmud-Hochschule vor
Fünfzig Jahre, viele Schüler bildete er heran, er baute
einen Zaun um die Tora, verfasste viele Bücher, unser
   ehrbarer Lehrer und Rabbiner, Rabbi
Jehonatan, ein Frommer Sel.A., Vorsitzender des Rabbinatsgerichts der drei Gemeinden AH'U und Vorsitzender des
   Rabbinatsgerichtes
der Heiligen Gemeinde Metz, starb wie durch einen Kuss
   am Dienstag und wurde am selben Tag begraben am 21.
Elul im Jahr »dieses ist die Lehre des Menschen, der im Zelt
   stirbt« nach der kleinen Zählung
Handschriftliches aufgefunden, auf dem Grabstein zu zeigen:
Siehe jeder, der vorbeigeht, das Eingemeißelte auf den Platten,
   der Mann, der als Vorbild stand, wie eine Lilie blühte
er kehrt zum Staub zurück, sein Anblick eines verwesenden
   Mannes
bitte nehmt zurück zu euren Herzen und kehret zurück,
   eine gewinnende Rückkehr
Viel sollt ihr beten für ihn zu Gott, dem Geistigen,
Seine Seele möge er zu sich einsammeln, sie sei nicht verstoßen
der Verdienst eurer Taten möge euch behüten, denn die Seelen
   Israels sind wie eine.
Lernt die Moral, die Ehre zu hassen
vor Ruhm möge eure Seele fliehen
Seine Seele möge eingebunden sein in den Bund des Lebens.[2]

---

1   Übersetzung: Nafatli Bar-Giora Bamberger, in: Bauche, Ulrich (Hg.): Vierhun-
    dert Jahre Juden in Hamburg: Eine Ausstellung des Museums für Hamburgi-
    sche Geschichte vom 8.11.1991 bis 29.3.1992 (= Die Geschichte der Juden in
    Hamburg 1590 – 1990; Bd. 1), Hamburg 1991, S. 132.
2   Übersetzung: Nafatli Bar-Giora Bamberger, in: ebd., S. 130.

Auf dem Begräbnisplatz der Hochdeutschen Israelitengemeinde Altona war es nicht gestattet, Grabsteine aufzustellen, die auf der Vorderseite eine deutschsprachige Inschrift in lateinischen Buchstaben trugen. Der Stein Lipmann Berlins war 1942/43 bereits zerstört, vermutlich durch Bombeneinwirkung, wie auch die auf dem Foto erkennbare Steinumgebung vermuten lässt.

Auf der Vorder- wie auf der Rückseite des Steins befindet sich eine deutschsprachige Inschrift, auf der Vorderseite ist sie jedoch in hebräischen Buchstaben angebracht – auch ein Weg, einen Konflikt über Sprache und Schrift mit der Hevra Kadisha zu vermeiden.

Grabinschrift

Hier ruhet
Lipman Berlin
geboren 6. [?] Adar 5531
gestorben 13. [?] Elul 5617
Sanft wie er im Leben war
war oich [!] sein Heimgang

Nathan Katz

Jedes Grab musste eine Kennzeichnung erhalten. War den Angehörigen die Finanzierung eines aufwendigen Grabsteins nicht möglich, so konnte es vorkommen, dass dem Verstorbenen ein sehr kleiner, unscheinbarer Stein gesetzt wurde, auf dem nur die allernotwendigsten Angaben angebracht waren. So wie z.B. der Stein für Nathan Katz (Abb. 86).

Grabinschrift

Hier ruht
der Jüngling Nathan
Sohn des Isaak
Katz

ABB. 86 UND 87 | *Nathan, Sohn des Isaak (l.)*
und Samson Heine (r.).

SAMSON HEINE

Samson Heine, Vater des Dichters Heinrich Heine und Bruder des
Hamburger Bankiers und Mäzens Salomon Heine, lebte gegen
Ende seines Lebens in Hamburg und wurde auf dem der Deutsch-
Israelitischen Gemeinde verbliebenen Anteil des Friedhofs an der
Königstraße begraben. Das Grab ist heute wegen der Zerstörungen
in der Zeit des Nationalsozialismus nicht mehr auffindbar. Die Fo-
tografie von 1942/43 zeigt den sehr gut erhaltenen Stein, von dem
angenommen wurde, es sei nicht der ursprüngliche Stein. Dieser
Stein kann für den individuelleren Umgang der Hamburger mit den
Inschriften auf diesem Teil des Friedhofs stehen. Die deutsche In-
schrift befindet sich auf der Vorderseite des Steins, zudem wird das
Sterbejahr in der bürgerlichen Zeitrechnung angegeben (Abb. 87).

GRABINSCHRIFT

Nun liege ich und schlafe, erwache einst, denn der Herr
    erhält mich. Ps. 3 V. 6
Hier ruhet Samson Heine
aus Hannover

gest. im 64. Jahre seines
Alters den 2. Dez. 1828
Ruhe sanft, edle Seele
Vater Heinrich Heine's [sic !].

Wolff Zalman Warburg

Wolff Zalman Warburg gehörte zum Altonaer Zweig der Familie Warburg. Auch hier spielte die Familie, früher noch als ihre Hamburger Verwandten, im öffentlichen Leben der Stadt eine besondere Rolle.

Wie bereits sein Vater Zalman Moses Warburg war Wolff Warburg (1788–1854) im Bankgeschäft tätig. Um 1805 begründete er das Altonaer Bankhaus W. S. Warburg. Sein großer Grabstein befindet sich auf dem Südteil des Friedhofs. Der mit einer Krone geschmückte Stein ist gestalterisch eher schlicht gehalten (»Drei Kronen gibt es: die Krone der Tora, die Krone des Priestertums und die Krone des Königtums, aber die Krone des Namens überragt sie«).

In seinem umfänglichen Testament bedachte Wolff Warburg jüdische wie christliche und städtische Wohltätigkeitseinrichtungen. Er traf auch Anordnungen für die Gestaltung der Trauerzeit. Unter anderem verfügte er, dass vier Wachslichter mit folgenden Inschriften in der Altonaer Synagoge abgebrannt werden sollten:

»Licht erprießt den Gerechten, Zalman Sohn des
    Moses Warburg
Ihr Licht erlischt des Nachts nicht, Zipora Frau des
    Salomon Warburg
Wolff Sohn des Zalman Warburg
Beile Frau des Wolff Warburg«

Wolff Warburg war Mitglied der Vereinigung »Hevra Bikur Holim« und hinterließ dieser Vereinigung ein Legat von 300 Reichstalern, die durch die Vorsteher der Vereinigung unter den Mitgliedern verteilt wurden (Abb. 88-89).

ABB. 88 UND 89 | *Im 19. Jahrhundert setzten sich allmählich auch deutschsprachige Inschriften durch, meist aber nur auf der Rückseite des Grabsteins: Wolff Zalman Warburg.*

GRABINSCHRIFT (in Auszügen)

Hier ruht

Alt und satt an Jahren Parnas und Manhig erster

der Brüder der H[evra] K[adisha] de Kabranim:

der ehrenwerte Herr und Rabbi

Wolff Sohn des

Vorstehers der H"K der ehrenwerte Zalman Warburg s"l

geboren den 19. Marheshvan 539 nach der kleinen Zählung

gestorben in gutem Namen am Dienstag den 3. Tevet

und beerdigt am Donnerstag, den 5. desselben 614 nach der

kleinen Zählung

Wenige Jahre später wurde auf demselben Friedhof der Bruder von Wolff begraben, Samuel Zalman Warburg, der im »Verzeichnis der Altonaer Israeliten« als »Privatier« geführt wird. Sein Stein befindet sich auf dem Zentrumsteil I. Steingestaltung wie auch die Inschrift sind von äußerster Schlichtheit und folgen im Detail den Anordnungen, die Samuel Warburg in seinem Testament getroffen hatte. Er gehörte zu den wenigen Altonaern, die testamentarisch verfügten, dass der Zeitraum zwischen seinem Tod und der Beisetzung drei Tage betragen sollte. So liest man in seinem Testament: »Selbst wenn mein Ableben zu einer Zeit erfolgt, dass durch diese drei Tage, jüdischer Feiertage halber, meine Beerdigung noch länger als drei mal 24 Stunden ausgesetzt werden müsste, darf von dieser meiner bestimmenden Vorschrift nicht abgegangen werden.« In einem Zusatz zum Testament hatte er ferner auch die Inschrift seines Grabsteins festgelegt. Auf der Vorderseite des Steins sollten nur persönliche Angaben wie Namen, Geburts- und Todestag auf Hebräisch angeben werden, auf der Rückseite sollte dieser Inhalt auf Deutsch festgehalten werden. Während der Grabstein von Wolff Salomon in Form und Gestaltung eher traditionell wirkt, ist der Stein von Samuel Zalman Warburg einem Obelisken ähnlich und entspricht zeitgenössischen Gestaltungsformen. Die Inschriften wurden getreu seinen Angaben ausgeführt.

GRABINSCHRIFT

Hier ist geborgen
der betagte Mann,
Herr Schmuel, Sohn des Herrn Zalman
Warburg,
geboren (am) 14. Kislev 543,
und verschieden am heiligen Schabbat, 23. Sivan 618
    nach der kleinen Zählung.
Seine Seele sei eingebunden in das Bündel des Lebens.

Auf der Rückseite des Steins ist zu lesen:

ABB. 90 UND 91 |
Salomon Levi Steinheim,
ein Porträt von Otto Quirin.
Die Levitenkanne weist
den Arzt als Leviten aus.

S. S. Warburg
geb. d. 14. Kislev 5543
gest. d. 23. Sivan 5618

SALOMON LEVI STEINHEIM

Salomon Ludwig/Levi Steinheim (1789–1866) praktizierte von 1813–1845 als Arzt in Altona und war zeitweilig als Armenarzt der Hochdeutschen Israelitengemeinde Altona tätig. Durch seine zahlreichen Publikationen zu philosophischen Fragen sowie durch sein musikalisches, malerisches und dichterisches Talent machte er sich über Altona hinaus einen Namen. Er war aber weder in orthodoxen noch in reformerischen Kreisen verankert. Steinheim und seine Frau Johanna veranstalteten Anfang der 1840er Jahre literari-

ABB. 92 UND 93 | *Grabstein der Rahel Rintel, gest. 1663, und Grabstein des David Hammerschlag, gest. 1687. Nur auf vier aschkenasischen Steinen weist das Wort »GER« auf einen Proselyten (Konvertiten) hin (l.). Der Magen David (der Davidstern) wurde auf jüdischen Friedhöfen erst mit dem Zionisten ab der zweiten Hälfte des 19. Jahrhunderts populär. Auf dem Grabstein des David Hammerschlag (r.) aus dem Ende des 17. Jahrhunderts symbolisieren der Magen David seinen Vornamen und die zwei kleinen Hämmer im Davidstern seinen Nachnamen.*

sche Teegesellschaften, bei denen auch die Autoren Gutzkow, Wihl, Wienbarg, Gabriel Riesser, das Ehepaar Rosa Maria und David Artur Assing sowie Heinrich Zeise anwesend waren. 1840 trat er öffentlich für die bürgerliche Gleichstellung der Juden ein. Seine letzten Lebensjahre verbrachte er in Rom und in Zürich, wo er 1866 starb. Auf Initiative des Altonaer Gemeindevorstandes wurde er von dort nach Altona überführt und auf dem Friedhof an der Königstraße begraben. Sein Stein ist durch die halbreliefartige Gestaltung des Levitengeschirrs und die abstrakt gehaltene Ornamentik auf der Vorderseite markant (Abb. 91; s. Porträt Abb. 90).

Rahel Rintel

Grabinschrift

Hier ist geborgen und begraben die züchtige und die fromme Frau, Frau Rahel, Tochter des Abraham Ger Sendler, Gattin des Ya'akov Rintel, sein Fels und Erlöser behüte ihn, »sie ging hin in ihre Welt« »und ließ das Leben« im Jahre 423 der Schöpfung in der Nacht 2 »ging aus ihre Seele in Reinheit« und sie wurde begraben am 2. Tag, dem 22. Elul, hier (in) Hamburg.

David Hammerschlag

Grabinschrift

Hier errichtet (ein Mal) und ward geborgen, ein getreuer Mann, »und David stieg hinauf« hoch zum Versteck, »und der, der (langes) Leben begehrt« »wird sitzen im Schutze des Höchsten«, es ist der Vornehme, der Erhabene, der geehrte Meister, Herr David, Sohn des Vornehmen und des Einflussreichen, des Vorstehers und Leiters, des geehrten Meisters, Herrn Nathan, sein Andenken zum Segen, aus Hildesheim, genannt Hammerschlak, »und es nahten Davids Tage dem Tod« und »er ging hin in seine Welt« (am) 3. Tag, (dem) 18. Heshvan des Jahres 447 der kleinen Zählung, »und er ließ das Leben wie alles Lebende«. Seine Seele sei eingebunden in das Bündel des Lebens.

JUSPA, SOHN VON ISSACHAR BÄR COHEN

GRABINSCHRIFT

Hier ist geborgen
ein getreuer Mann. Der einflussreiche,
der wohltätige, der Kassenverwalter der Gemeinde,
ein Mann von Gottesfurcht, der geehrte Herr Juspa,
Sohn des weit bekannten Vorstehers und Leiters, unseres Lehrers,
    des Meisters, Herrn Bär Cohen.

ABB. 95 |

Ungewöhnlich

schmal ist der

Stein der

Mink Lubke.

Er stieg empor zur Höhe am Sabbat
dem 15. im Shevat
und wurde begraben am Sonntag dem 16. desselben
499 nach der kleinen Zählung.
Seine Seele sei eingeschlossen in den Bund des Lebens

Sein Vater Issachar Bär Cohen / Berend Cohen war Kaufmann und
Vorsteher der Gemeinde. Er hatte 1707 die älteste Hamburger Klaus
gestiftet (Abb. 94).

MINK LUBKE

Neben Länge, Breite und Tiefe war auch der Abstand zwischen
den Gräbern festgelegt. Der Stein von Mink Lubke ist auffallend
schmal und sieht aus, als sei er zwischen die benachbarten Steine
gezwängt worden. Wo genau sich ihr Grab befindet, ist heute nicht
zu bestimmen (Abb. 95).

BLÜMCHE WOLFF

Blümche Wolff aus Parchim hatte 1837 in ihrem Testament Salomon Levi Steinheim zu ihrem Testamentsvollstrecker bestimmt
und ihm aufgetragen: »Endlich verordne und befehle ich, dass nach

ABB. 96 UND 97 | *Grabstein für Blümche (Blime) Wolff (l.).*
Die kleinen Hämmerchen auf dem Stein des David Hamerschlak
symbolisieren seinen Familiennamen (r.u.).

meinem Ableben die zur Erdebestattung meines Leichnams nicht
früher als nach Ablauf von drei mal vier und zwanzig Stunden nach
meinem Hinscheiden geschehen darf« (Abb. 96).

GRABINSCHRIFT

Hier ruht
die Greisin Blime Tochter des ehrenwerten
Ahron, Sohn des Wolf aus Parchim,
geboren am Dienstag, den 25. Adar I im Jahr 527
gestorben am Sonntag, den 7. Adar II
und begraben am Donnerstag, den 11. Adar II
619
Ihre Seele möge eingebunden sein in den Bund des Lebens

ABB. 98 UND 99 | *Grabstein für Kalman Gans mit der Gans als Sinnbild des Familiennamens (l.) (Grabinschrift S. 174). Der Grabstein des Oberrabbiners Jechezkel Katzenellenbogen (r.) der Dreigemeinde AHU (Biografie S. 156) wurde vor einigen Jahren von seinen in Schweden wohnenden Nachkommen restauriert.*

DAVID SOHN DES NATHAN HAMMERSCHLAG

David Sohn des Nathan aus Hildesheim aus der Familie Hamerschlak starb 1687. Auf seinem Stein finden sich in dem auf Grabsteinen der Zeit relativ seltenen Symbol des Davidsterns zwei kleine Hämmer als Versinnbildlichung des Familiennamens (Abb. 97).

ABB. 100 | *Während der fotografischen Aufnahme des Friedhofs 1942/43 wurden einzelne Steine mit Hakenkreuzen beschmiert.*

KALMAN GANS

Ein Beispiel für die Verwendung eines Tieres als Sinnbild für den Familiennamen des Verstorbenen ist der Stein mit der liebevoll herausgearbeiteten laufenden Gans (Abb. 98).

GRABINSCHRIFT

Hier ruht
ein rechtschaffener, gottesfürchtiger Mann. Und er liebte die Tora und übte Gerechtigkeit alle Zeit.
Es ist der ehrenwerte Herr Kalman,
Sohn des Meisters Herrn, Salman Gans aus Celle,
Verstorben und begraben am 6. Tag, dem Vorabend des Heiligen Sabbat, am 4. (des Monats) Iyar (des Jahres) 518 nach der kleinen Zählung.
Seine Seele möge eingebunden sein in den Bund des Lebens.

ABB. 101 |

Noah Chaim-

Hirsch Meir

Berlin

NOAH CHAIM-HIRSCH MEIR BERLIN

Noah Chaim-Hirsch Meir Berlin, geb. Februar 1734 in Fürth, gest. 5. März 1802 in Altona, ältester Sohn des gelehrten Bankiers und Hofmünzlieferanten Abraham Meyer Berlin und der Röschen Dina, wuchs in Fürth auf und war zunächst Lehrer und Dajan in Fürth (1764), 1772 Landesrabbiner des Fürstentums Bayreuth in Baiersdorf und 1783 Landesrabbiner von Kur-Mainz. Nach dem Rücktritt Raphael Cohens (S. 156-157) wurde er 1800 zum Oberrabbiner der Dreigemeinde Altona, Hamburg und Wandsbek (AHU) gewählt. Der gefeierte Pilpulist (scharfsinniger talmudischer Dialektiker) und Kasuistiker veröffentlichte mehrere Bücher, die sein optisch reizvoller Grabstein im oberen Drittel teilweise vermerkt (s. auch die Epitaphe von Binjamin Mussaphia Fidalgo, S. 142-143, und Zvi Hirsch, S. 176-177). Das Epitaph nennt in der Mitte Namen, Funktion und Todes- sowie Beerdigungsdatum. Die untere Hälfte nimmt ein Klage- und Preisgedicht ein, das von oben nach unten den Namen, Ehrentitel und die Dreigemeinde lesen lässt und mit dem Wunsch nach Wiederbelebung der Toten endet (Abb. 101).

ISAK HUR[O]WITZ LEVI

GRABINSCHRIFT

Und Izhak schied hin und ward versammelt zu seinem Volke im guten Greisenalter, und Izhak ging hinaus um zu sinnen, und vor dem Ewigen schüttet er sein Gebet aus. Hier ist begraben die Zeder des Libanon, der Gewaltige der Tora, hinaus ging seine Seele in Heiligkeit und Reinheit, seine Stimme erklang auf der Höhe an jenem Tag, als er betrauerte drei Rabbiner unter großem Weinen und mit bitterer Seele, der große Rabbiner, Leuchte Israels die erlosch, ihm sei Denkmal und Name in der Mehrung der Yeshiva, es ist unser weit bekannter, großer Rabbiner, Vorbild des Zeitalters, Vorsitzender der Gerichtsbarkeit und Lehrhausleiter der heiligen Gemeinden, A(ltona), H(amburg), W(andsbek), Leuchte Israels, Rechte Säule, starker Hammer, unser Lehrer, der Meister, Herr Izhak Izek Halevi Horowitz, das Andenken des Gerechten zum Segen, Sohn des weit bekannten, des überragenden Gelehrten, unseres Lehrers, des Meisters, Herrn Jokel, sein Andenken zum Segen für das Leben in der künftigen Welt, Vorsitzender der Gerichtsbarkeit der heiligen Gemeinde Glogau verschieden mit Beginn des 3. Tages, und begraben am 3. Tag, dem 6. Iyar 527 nach der kleinen Zählung. Seine Seele sei eingebunden in das Bündel des Lebens (Abb. 102).

ZVI HIRSCH ZAMOSCZ

Der 1740 im polnischen Zamoscz geborene Zvi Hirsch, Sohn des gelehrten und wohlhabenden Benjamin Baschko, wurde 1766 Dajan in Tyszowce und später Rabbiner in Osoblaha (1770) und Brody (1773), er gründete als Oberrabbiner in Glogau eine bedeutende Yeshiva und wurde 1802 letzter Oberrabbiner der Dreigemeinde Altona–Hamburg–Wandsbek. Der Grabstein des 1807 Verstorbenen erwähnt auch seinen umfangreichen Nachlass (s.a. Epitaph von Noah Chaim-Hirsch Meir Berlin, S. 175, Abb. 101).

ABB. 102 UND 103 | *Isak Hurwitz Levi (l.) war Rabbiner im galizischen Harchow, in Glogau, in Brody und ab 1765 bis zu seinem frühen Tod am 4. Mai 1767 Nachfolger von Jonathan Eibeschütz (Abb. 85) in Altona (s. Abb. S. 153). Rechts: Grabstein des Zvi Hirsch Zamoscz.*

GRABINSCHRIFT

Prächtige Krone, Zierde Israels. Hier ist begraben unser Herr, unser Lehrer, unser Rabbiner, der Meister des ganzen Exils, der weit bekannte, der überragend große Gelehrte, zugleich scharfsinnig und überaus kundig, der Fromme, Kabbalist und heilige Gottesmann, der Weise und sehr demütig, ein Fürst und ein Richter, der als Lehrhausleiter Tora verbreitete in Israel. Er verfasste viele Werke über Talmud und Dezisoren, Bibel und Responsen, die noch in Handschriften sind. Er erleuchtete die Augen des Exils. Es gab nicht vor ihm noch nach ihm seinesgleichen. Der geehrte Meister, Herr Zvi Hirsch aus der heiligen Gemeinde Zamoscz, das Andenken des Gerechten zum Segen, Vorsitzender der Gerichtsbarkeit und Lehrhausleiter der Dreigemeinde A(ltona), H(amburg), W(andsbek), zuvor war er Vorsitzender der Gerichtsbarkeit und Lehrhausleiter in der heiligen Gemeinde Brody, in Groß-Glogau. Verschieden am 2. Tag, 18. Elul 5567 im siebenundsechzigsten Lebensjahr. Seine Seele sei eingebunden in das Bündel des Lebens (Abb. 103, Porträt Abb. 77).

ABB. 104-107 | *Grabstein der Röschen, Tochter von Joseph Gumpel (Abb. 104). Die Darstellung einer geöffneten Rose auf dem Grabstein illustriert ihren Vornamen und verweist vielleicht auch auf ihren frühen Tod. Die Inschrift zitiert mit den Worten »Shoshana Yaakov« das bekannte Purim-Lied »Die Rose Jakobs« (siehe auch Buch Esther, 8, 15). Die Darstellung einer Traube auf dem Grabstein von Alexander Traub (Troib) verweist auf den Familiennamen Traub (Abb. 105). Die Darstellung einer Wasserkanne auf dem Grabstein von Ahron, Sohn des Pinhas Seligmann (Abb. 106), verweist auf die Herkunft des Verstorbenen: Er heißt entweder Levi oder leitet sich von den Leviten herleitet (s. auch Abb. 18, 91, 102, 108, 124). Das Wort, das der Schreiber (hebr. sofer) auf dem Grabstein von Jakob, Sohn des Meir Leib (Abb. 107), gerade schreibt, lautet: »Am Anfang« (1. Mose 1). Die Darstellung einer Hand mit Feder verweist auf einen Schreiber von Tora-Rollen etc. (s.a. Abb. 21, 81 und 113).*

ABB. 108 | *Doppelsteine für Ehepaare, Eltern mit Kindern oder Geschwister sind auf dem Jüdischen Friedhof Königstraße eher selten. Der relativ kleine Doppelstein erinnert an den (frühen?) Tod der Brüder Haim (l.) und Falk (r.) SeGal, die beide im Trauermonat Menahem (Av) des Jahres 1746 starben.*

HAIM UND FALK SEGAL

GRABINSCHRIFT

Hier ruht ein rechtschaffener Mann, der Herr Haim, Sohn des geehrten Herrn Selomo SeGal. Verstorben und begraben am 2. Tag, dem 22. (des Monats) Menahem (des Jahres) 506 nach der kleinen Zählung. Seine Seele sei eingebunden in das Bündel des Lebens.

GRABINSCHRIFT

Hier ruht der angesehene Jüngling, bedeutend in seinen Taten, der Herr Falk, Sohn des geehrten Herrn Selomo SeGal. Verstorben am 5. Tag, dem 24. (des Monats) Menahem und begraben am 6. Tag, dem 26. desselben Monats (des Jahres) 506 nach der kleinen Zählung. Seine Seele sei eingebunden in das Bündel des Lebens.

Michael Studemund-Halévy |

ERINNERN UND BEWAHREN:
EIN FRIEDHOF WIRD ERFORSCHT

Die Auswertungen des im Amt für Denkmalschutz vorhandenen Bildmaterials (s. S. 49-52) lassen erkennen, dass die historisch und kunsthistorisch wertvollen Stein-Zeugnisse bis vor dem Zweiten Weltkrieg relativ unversehrt die Jahrhunderte überdauert haben. Auf den vorhandenen s/w-Fotos sind die Profile, die Reliefs, der dekorative Schmuck sowie die Inschriften teilweise in einem weit besseren Zustand als heute (2004). In den letzten 20 Jahren haben der Materialverlust sowie die extrem starke Rückwitterung des Marmors, die teilweise zur totalen Unkenntlichkeit der Grabinschriften und der bildhauerischen Grabmalkunst führte, rapide zugenommen. Viele der Marmorsteine lagen seit Jahrzehnten unter Büschen und Strauchwerk, so dass eine intensive Sonneneinstrahlung nicht möglich war. Seit den gärtnerischen Pflegemaßnahmen, Rodung der Büsche, Sträucher und Wegnahme der unteren Baumzweige, vor allem aber durch die Düngung mit Thomasphosphat-Kali, verloren die Marmor-Grabdenkmäler ihre über Jahrhunderte bewahrte Plastizität. Durch unsachgemäße gärtnerische Pflegemaßnahmen kam es zu kleinen und größeren Zerstörungen: Kleine Rasenmähertraktoren fuhren über die Liegeplatten, wendeten zwischen Ecken und Kanten, was zu Durch- und Abbrüchen und anderweitigen Steinbeschädigungen führte. Bei Laubarbeiten zerkratzten scharfkantige Harken die Grabmal-Oberflächen. Weiterhin führte der seit vielen Jahren laufende unterirdische S-Bahn-Verkehr zu kontinu-

ABB. 109 UND 110 | *Grabstein der Ester Curiel, gest. 1655 (l.).*
Das Epitaph (r.) gibt den Namen der Verstorbenen nicht preis:
»AQI ESTA HA / FILHA [...] / IAC [...]«: »Dies ist [das Grab]
der Tochter [...] des Jac[ob] ...«

ierlichen Erschütterungen und damit zu Bruch- und Rissbildungen, wenn die Liegeplatten teilweise hohl lagen. Weiter wurden die Grabsteine durch Smog, salzhaltige Luft und UV-Licht stark zerstört.

Freilegung von 15 sefardischen Grabsteinen

An der Grenze zur Königstraße – bei ihrer Verbreiterung im Jahre 1902 wurden fast 300 Gräber exhumiert und auf einen Platz im Friedhofsinneren verbracht – wurden 2003 insgesamt 50 Steine freigelegt bzw. aufgedeckt, darunter immerhin 15 Steine (elf aus Sandstein, vier aus Kalkstein), die Ende der 80er Jahre des letzten Jahrhunderts nicht untersucht werden konnten. 14 dieser Steine waren mit ihren Inschriften bekannt, allein das Epitaph der 1655 gestorbenen Ester Curiel (Abb. 110), Tochter des einflussreichen Kaufmanns und Gemeindeführers Jacob Curiel (Abb. 72), war der Forschung bisher entgangen.

Der Jüdische Friedhof Königstraße ist das größte frei stehende Marmorfeld Deutschlands. Um herauszufinden, wie stark sich Verwitterungen und die Anwendung von Schutzmitteln auf Marmorsteine auswirken und der andauernde Verfall der Grabsteine verhindert oder verlangsamt werden kann, wurden 1990 28 sefardische Marmorgräber in konservatorischer Hinsicht untersucht. Zwischen 2002 und 2003 wurde auf dem sefardischen Teil des Friedhofes eine modellhafte naturwissenschaftliche Untersuchung an 53 Marmor- und zwei Kalksteingrabmalen des 17., 18. und 19. Jahrhunderts durchgeführt. Projektziele waren unter anderem: Erfassung der Schadensbilder, Feststellung der Schadensursachen sowie Konzeption von Restaurierungs- und Konservierungsmethoden. Acht Marmorgräber und zwei Kalksteingräber wurden ausgewählt, um an ihnen exemplarisch Restaurierungs- und Konservierungskonzepte zu entwickeln (s. die Grabsteine von Jacob Curiel (Abb. 72), Abraham und Sara Senior Teixeira (Abb. 6), Isaac Namias de Castro (Abb. 68), Kalksteingrab: David Cohen de Lara (Abb. 64). Dabei sollen die Verwitterungsphänomene erfasst, katalogisiert, quantifiziert und in einer Schadenskartierung dargestellt werden. Ein breites Spektrum an naturwissenschaftlichen Untersuchungen begleiten diese Vorhaben, um später einmal geeignete Erhaltungsmaßnahmen sinnvoll in praxi umsetzen zu können. So führte das Geologisch-Paläontologische Institut der Universität Hamburg 2003 an drei Flächen Georadar-Untersuchungen durch, um herauszufinden, ob sich unter einer ersten Bestattungslage weitere Bestattungslagen nachweisen lassen.

ABB. 111 | FRIEDHOFSLANDSCHAFT MIT ASTERIXEN *Testkörper aus unterschiedlichen Flächengeometrien und Vorsprüngen sollen die Geometrien und Formen der Original-Grabmale aus Marmor simulieren sowie das Voranschreiten der biogenen Besiedlung beobachten und dokumentieren.*

FOTOGRAFISCHE UND EPIGRAPHISCHE DOKUMENTATION ASCHKENASISCHER UND SEFARDISCHER GRABSTEINE

Seit 2001 erforschen Mitarbeiter des Salomon-Ludwig-Steinheim-Instituts für deutsch-jüdische Geschichte in Duisburg unter Leitung des Düsseldorfer Judaisten Prof. Dr. Michael Brocke die mehr als 6000 ganz oder teilweise erhaltenen aschkenasischen Grabsteine. Während eines 2009 beendeten, mit 750.000 Euro von mehreren Hamburger Stiftungen finanzierten und von der Stiftung Denkmalpflege koordinierten Projekts wurden die Steine durch den Archäologen und Kunsthistoriker Dr. Bert Sommer fotografisch erfasst und in einen neuen Friedhofsplan eingetragen. Ziel der Erforschung, Inventarisation und der Dokumentation der Grabsteine und ihrer Inschriften war die Herstellung einer »Zweitüberlieferung«. Ging es zunächst um die Erschließung und Erklärung der hebräischen Texte mit ihren Namen, Daten und Inhalten, sollen später die Geschichte und Struktur der Hamburger und Altonaer jüdischen Gemeinden

ABB. 112-115 | *Grabstein von Zvi Hirsch Zamoscz (Detail) (Abb. 112). Der Hirsch im Sprung (siehe auch die Abb. 19, 67 und 103) illustriert sowohl den hebräischen (Zvi) als auch den deutschen Namen (Hirsch). Grabstein von Zalman Leizer Halberstadt, gest. 1731 (Abb. 113). Die Hand mit der Feder bedeutet, dass der Verstorbene ein Schreiber von Tora-Rollen, Tefillin (Gebetsriemen) und Mezuzot (Pergamentrollen mit einer Inschrift aus 5. Mose 6, 4-9 und 11, 13-21, die in einer verzierten Kapsel am rechten Türpfosten der Zimmer eines jüdischen Hauses befestigt werden) war. Grabstein des Jehuda Leib (Löb) (Abb. 114). Der Löwe verweist auf die vornehme Herkunft und den Familiennamen (Löwe). Grabstein von Kröndle Levi, gest. 1743 (Abb. 115), Ehefrau des Izek Göttingen und Tochter des Jehiel Levi. Die Krone auf dem Stein ist sicherlich eine Anspielung auf ihren Namen Kröndle.*

sowie die bis heute noch immer wenig bekannten kulturellen Beziehungen zwischen den portugiesischen und den aschkenasischen Juden untersucht werden. Die hebräischen Inschriften können jetzt schon in einer regelmäßig aktualisierten Datenbank eingesehen werden: www.steinheim-institut.de.

Michael Studemund-Halévy / Lina Nikou

Historische Spurensuche

I Das Glück der Mendelssohns

Joseph Mendelssohn, der 1801 seinem nach Altona übergesiedelten Schwiegervater Nathan Meyer nach Hamburg folgt und eine Filiale seines Berliner Bankhauses gründet, zieht 1804 selbst mit seiner Familie nach Hamburg, wo seine Mutter Fromet (Abb. 117, Porträt Abb. 116) seit 1800 im damals dänischen Altona wohnt. Abraham folgt seinem Bruder Joseph nach Hamburg und wohnt mit seiner Frau Lea sowie der 1805 geborenen Fanny, dem 1809 geborenen Felix und der 1811 geborenen Rebekka in der (heute nicht mehr existierenden) Großen Michaelisstraße. In diesem großen Wohnhaus befindet sich zeitweise auch die Mendelssohn-Bank. Abraham mietet in Neumühlen an der Elbchaussee ein Landhaus, genannt »Martens Mühle«, wo die Familie gelegentlich die Sommermonate verbringt (1904 abgerissen). 1837 gründet Paul Mendelssohn Bartholdy, ein Bruder von Felix und Fanny, in Hamburg ein florierendes Bankgeschäft. Zum Freundeskreis von Moses und Fromet Mendelssohn gehören der aus einer reichen Berliner Bankiersfamilie stammende Arzt Dr. Aron Gumpertz, eine zentrale Person der frühen Haskala in Berlin, der Moses Mendelssohn Englisch und Französisch beibringt und ihn mit der zeitgenössischen Philo-

ABB. 116 UND 117 | *Porträt Fromet Guggenheims, rechts der restaurierte Grabstein der Fromet Mendelssohn (Aufnahme 2009).*

sophie vertraut macht (Abb. 121). Durch Gumpertz' Vermittlung lernt Mendelssohn Gotthold Ephraim Lessing sowie den Hoffaktor Nathan Meyer kennen. Weitere Hamburger Mitstreiter Mendelssohns sind die Brüder Moses und Naftali Hartwig Wessely (Abb. 67) Jakob Emden (Abb. 84), Jonathan Eibeschütz (Abb. 85) und David de Castro (Abb. 36).

Fromet Gugenheim

Fromet Gugenheim wird am 6. Oktober 1737 als eines von sieben Kindern des in Hamburg ansässigen Wiener Kaufmanns Abraham Gugenheim und seiner Frau Glukche in Hamburg geboren. Zwischen 1763 und 1782 bringt Fromet, die »zärtlichste Gugenheim«, wie ihr Bräutigam Moses Mendelssohn sie manchmal nennt, zehn Kinder zur Welt, von denen drei Töchter (Brendel, Recha, Henriette) und drei Söhne (Joseph, Abraham, Nathan) das Erwachsenenalter erreichen und die Mutter überleben. Bei ihrem Tod am 5. März 1812 in Altona leben bereits acht ihrer zwölf Enkel.

Hier ist geborgen die betagte Frau, Frau Fromet, Tochter des geehrten Herrn Abraham Gugenheim, sein Andenken zum Segen,
Witwe unseres Lehrers, des Meisters, Herrn Moses Mendelssohn,
sein Andenken zum Segen, geboren am 1. Tag, dem 11. Tishri 498
der kleinen Zählung, verschieden am 2. Tag, dem 3. Nisan und
begraben am 5. Tag, dem 6. Nisan 572 der kleinen Zählung. Ihre
Seele sei eingebunden in das Bündel des Lebens.

Bevor der Jüdische Friedhof Altona 1869 geschlossen wird, lässt der
Geheimrat Alexander Mendelssohn, Sohn von Joseph Mendelssohn
und Enkel der Fromet und des Hoffaktors Nathan Meyer, beim
Ältestenkollegium der Hochdeutschen Israeliten-Gemeinde Altona
anfragen, ob das Grab seiner Großmutter durch Aufstellung neuer
Steine und Einfriedung mit eisernen Gittern renoviert werden
dürfte. An dem Grabstein der Fromet Mendelssohn soll ein Sockel
unterstellt und die »Capitail« (Akroterien) auf den Stein gestellt
werden, dazu Grabschlängel (Einfassungsteile) mit Grabgitter. Auf
der Rückseite soll eine Marmorplatte mit deutscher Inschrift angebracht werden, die dem Oberrabbiner Jacob Ettlinger (Abb. 11)
jedoch vorher zur Zensur vorgelegt werden muss. Der im Zweiten
Weltkrieg zerstörte Stein wurde 2009 restauriert und neu aufgestellt
(Abb. 117).

ABRAHAM GUGENHEIM

Abraham Gugenheim wird 1700 als Urenkel des Wiener Hofban-
kiers Samuel Oppenheim und als Sohn des Josef Gugenheim und
der Fromet Oppenheim in Wien geboren. In Hamburg heiratete er
Glukche Mirjam. Der tiefreligiöse Abraham Gugenheim, Mäzen
und Parteigänger des Oberrabbiners Jonathan Eibeschütz im berühmten Amulettstreit (S. 158-160), stirbt am 7. Juli 1766 in Hamburg. Sein Grabstein und der seines Sohnes Maharam wurden im
Zweiten Weltkrieg zerstört, erhalten haben sich nur Fragmente.

ABB. 118 UND 119 | *Grabstein von Abraham Gugenheim (l.) und seiner Ehefrau Glukche Gugenheim (r.), Mutter der Fromet Mendelssohn.*

GRABINSCHRIFT

Hier ist begraben ein betagter Mann, ein weiser Herr, und hoch sein Ansehen, der Almosenverwalter, es ist der geehrte Meister, Herr Abraham, Sohn des geehrten Herrn Josef Gugenheim, verschieden und begraben am 2. Tag, Neumond (des Monats) Av 526 der kleinen Zählung. Seine Seele sei eingebunden in das Bündel des Lebens.

GLUKCHE GUGENHEIM

GRABINSCHRIFT

Hier ist geborgen eine Frau, die Züchtige und Fromme, die Teure, Frau Glukche Mirjam, Tochter des geehrten Herrn Man Kleve, Gattin des Meisters, Herrn Abraham Gugenheim, verschieden am 3. Tag, dem 14. Heshvan und begraben am 4. Tag, dem 15. desselben 499 der kleinen Zählung. Ihre Seele sei eingebunden in das Bündel des Lebens.

ABB. 120 | *Grabstein von Nathan Meyer Katz, 1749 – 1814. Er lebte seit 1797 in Altona. Seine Tochter Henriette heiratet 1793 Joseph Mendelssohn, sein Sohn Mendel die Recha Mendelssohn (Aufnahme 2009).*

Nathan Meyer Katz

Grabinschrift

Hier ist begraben ... aus Israel, »auf das Beste für sein Volk bedacht« ist er, und in Ruhe antwortet er jedem, der ihn fragt, »er forschte und erkannte«, dass »nicht seine Kraft noch die Stärke seiner Hand ihm all dieses Vermögen schafften«, er verstand und wußte, dass »Reichtum am Tage des Zorns nichts hilft«, nur die guten Taten sind Schutz und Schild »und Gerechtigkeit rettet vom Tod«, »diese führen uns auf rechte Geleise« beim Abstieg in die Gruft, »nach deiner Schätzung, Priester, so gelte es«, ... des Aharon, »er jagte dem Frieden nach« ... nichts Böses tat er seinem nächsten, »nicht verleumdete er mit seiner Zunge« deshalb ward ihm bereitet und ... ein Erbgrab und er entschied sich für unsere Gräber, »nach dem Tode des Priesters die Gerechtigkeit schreitet vor ihm einher« und

ABB. 121 |

Grabstein

von Dr. Aaron

Emmerich

Gumpertz

großzügig gab er den Bedürftigen, ... Jahr um Jahr ... leuchtet den
... sein Haus weit geöffnet, und es waren Arme seine Hausgenossen,
die Mühe deiner Hände ... und gut ist's dir im Lande des Lebens,
und der Priester verließ das Haus und kehrte zu seinem ... zurück,
es ist der Agent, der geehrte Herr Nathan, Sohn des Herrn Meir Hakohen, verschieden »mit gutem Namen« am 6. Tag, dem 14. Shevat
und begraben am 17. Tag des Shevat 574 der kleinen Zählung. Seine
Seele sei eingebunden in das Bündel des Lebens.

Zum Freundeskreis von Moses Mendelssohn gehörten der aus einer reichen Berliner Bankiersfamilie stammende Arzt Dr. Aaron Emmerich Gumpertz, eine zentrale Person der frühen Aufklärung in Berlin, der Moses Mendelssohn Englisch und Französisch beibringt und ihn mit der zeitgenössischen Philosophie vertraut macht. Durch Gumpertz' Vermittlung lernt Mendelssohn Gotthold Ephraim Lessing sowie seinen späteren Schwager, den Hoffaktor Nathan Meyer kennen.

Grabinschrift

Grabstele des Mannes, errichtet über einem lauteren Manne, in dem viele Vorzüge vereinigt waren, und der verborgene Weisheiten und versteckte Kenntnisse offenbarte, es ist der hervorragende Weise, Wegweiser den Verirrten mit aufrechten und wahrhaften Reden, der geehrte Herr Aharon [Gumpertz] Emmerich aus Berlin, verschieden »in der Hälfte seiner Tage« (am) 2. Tag, dem 3. Nissan 529 der kleinen Zählung. Seine Seele sei eingebunden in das Bündel des Lebens Siehe, hier in diesem Grabe wurde geborgen ein Mann »von Einsicht und Gedanken«, der in Weisheiten »Denkmal und Name« erwarb, auch seine Vorzüge hoch erhoben, kein Gelehrter, kein Mitstreiter war ihm gleich, so dass mit ihm die Weisheit starb.

II Glikl von Hamel und ihre Familie

Die in westjiddischer Sprache verfassten und in viele Sprachen übersetzten Memoiren der Glikl bas Leib, geb. 1645 in Hamburg, gest. 1724 in Metz, sind nicht nur ein einzigartiges Dokument jüdischer Familien- und Wirtschaftsgeschichte und ein frühes Zeugnis der jüdischen Geschichte Hamburgs und Altonas, sondern auch die frühesten Überlieferungen einer jüdischen Frau in der Frühen Neuzeit. Für ihre Kinder schrieb die aus der jüdischen Oberschicht stammende und hoch gebildete Glikl zwischen 1691 und 1719 in sieben »Büchern« die Geschichte ihrer Familie nieder. Ihre Lebenserinnerungen enthalten religiöse Betrachtungen, Zitate aus Bibel und Talmud sowie Exempel aus der zeitgenössischen jiddischen Volksliteratur. Gestützt auf die Erzählungen ihrer Großeltern und Eltern beschrieb sie außerdem den »sabbatianischen Taumel« in Hamburg, der die Mitglieder der sefardischen und aschkenasischen Gemeinde zwischen 1665 und 1666 erfasste und in Befürworter und Gegner des selbsternannten Messias Shabtai Zvi spaltete. Nach dem Tod ihres Mannes Chaim (1689), dem sie vierzehn Kinder gebar, von denen zwölf das Erwachsenenalter erreichten, betätigte sie sich erfolgreich als Perlen- und Juwelenhändlerin sowie als Gründerin einer Strumpfmanufaktur. Da sie ihren Kindern nicht zur Last fallen wollte heiratete sie 1700 einen jüdischen Kaufmann in Metz, wo sie im Alter von 79 Jahren verstarb.

Mehr als vierzig Mitglieder von Glikls Familie wurden auf dem Friedhof beigesetzt, darunter ihre Großmutter Mate Ellrich (Abb. 122), ihre Eltern Josef Jehuda b. Nathan und Bella bat Nathan G. Löb Stade (Abb. 123), ihr Mann Chaim (Abb. 124) und ihre Kinder Mordechai, Jehuda Löb und Mate. Die meisten Grabsteine überdauerten die Zeit, einige sind uns heute jedoch nur noch auf historischen Fotos überliefert. Zu den bemerkenswertesten frühen Steinen gehören der von Abraham Merz, dem Ehemann ihrer Cousine Sara, der Opfer eines Mordanschlags wurde (Abb. 132) sowie der nach Westen (!) ausgerichtete Stein ihres Onkels Mordechai und ihrer Tante, die 1638 Opfer der Pest wurden (Abb. 125).

MATE ELLRICH

GRABINSCHRIFT

Hier ist geborgen die Herrin und die Züchtige Mate, Tochter des Ya'akov, sein Andenken zum Segen, Gattin des Vorstehers und Lei-ters, des geehrten Meisters, Herrn Nathan aus Ellrich, das Andenken des Gerechten zum Segen, die hinging in ihre Welt und »ließ das Leben wie ganz Israel« verschieden am 4. Tag, dem 14. Tamuz, und begraben am 5. Tag, dem 15. Tamuz 416 der Zählung. Ihre Seele sei eingebunden in das Bündel des Lebens.

ABB. 122 UND 123 | *Grabstein der Mate Ellrich, Ehefrau von Nathan aus Ellrich und Großmutter der Glikl (l.). Rechts der Grabstein der greisen »Frau Bella«, gest. 1704, sie überlebte ihren Ehemann um über dreißig Jahre.*

BELLA ELLRICH

GRABINSCHRIFT

Hier ist begraben eine Frau, auf deren Weisheit »das Herz ihres Gatten vertraute«, »ihre Hand in Allem«, es hat ihresgleichen nicht, ihr Name hatte Ehre und Größe, die Zierde der Kinder war ihre Freude, ihr war es vergönnt, »ihr Haus (Staden) zu verwalten«, die Greise, Frau Bella, Tochter des Meisters, Herrn Nathan aus Ellrich, das Andenken des Gerechten zum Segen, Gattin des Vornehmen, des Vorstehers und Leiters, des geehrten Löb Staden, sein Andenken zum Segen, verschieden am 3. Tag dem, 26. Menahem und begraben am 4. Tag, dem 27. desselben (des Jahres) 464 (nach der kleinen Zählung. Ihre Seele sei eingebunden in das Bündel des Lebens.

ABB. 124 | *Grabstein des Chaim Hamel. Der in vier Fragmente geborstene Grabstein wurde 2006 restauriert. Chaim und Glikl waren 28 Jahre verheiratet.*

CHAIM HAMEL

GRABINSCHRIFT

»Ein großer Stein auf der Mündung des Brunnens« des Lebens, für einen demutsvollen und frommen Manne, in den Geboten mühte er sich reichlich, ein geduldiger Weiser, »ein Langmütiger« und ein »Nachsichtiger«, die Worte der Väter erfüllte er aus ganzer Seele, bevorzugte vorne und nicht hinten zu sein, nichts hinterließ er unvollendet und mit gutem Namen stieg er hinauf »zum Lichte, im Lichte des Lebens«, »voll Wärme war seine Trauerrede«, »denn erwählt ist der Tod von Chaim«, es ist der Vornehme, der Einflussreiche, der geehrte Meister, Herr Chaim, sein Andenken zum Segen, Sohn des Vornehmen, des Einflussreichen, des Vorstehers und Leiters, unseres Lehrers und Meisters, Herrn Josef Hamel(n) SeGaL, das Andenken des Gerechten zum Segen, verschieden am 1. Tag, dem 24. Tevet und begraben an eben jenem Tag des Jahres 449 (nach) der kleinen Zählung. Seine Seele sei eingebunden in das Bündel des Lebens.

ABB. 125 | *Grabsteine von Mordechai ben Chaim Hamel SeGaL und der Hanna. Die Inschrift beginnt oben rechts und endet unten links, der Text zieht sich also über beide Steine, was in der Tat einzigartig ist.*

Mordechai und Hanna Hamel

Nur 16 Grabsteine haben sich vom ältesten Grabstein aus dem Jahr 1621 bis in die Mitte des 17. Jahrhunderts auf dem aschkenasischen Teil des Friedhofs erhalten. Die Grabsteine für Mordechai und Hanna Hamel erinnern an die Pest, der das Ehepaar 1638 erlag. Darum wurden die Grabsteine nicht wie traditionell nach Osten, sondern nach Westen ausgerichtet (»weil Pest war«). Der Pesttod galt nach volkstümlicher Vorstellung schon in biblischen Zeiten als Strafe Gottes für die Menschheit, nicht jedoch als Strafe für einen Einzelnen. Die besondere Ausrichtung stellte also keine Stigmatisierung dar, sondern war als eine Mahnung für die Lebenden gedacht.

Hier in diesem Grab (liegt) ein aufrechtes Ehepaar, der geehrte
Meister, Herr Mordechai, Sohn des toragelehrten Herrn Nathan,
sein Andenken zum Segen, und seine Gattin, Frau Hanna, Tochter
des geehrten Herrn Jeschajah, sein Fels und Erlöser behüte ihn,
die in die künftige Welt gegangen sind in der 5. Nacht, und auch
zusammen begraben wurden am Tag darauf, am 6. Tag, dem 5. Kislev (des Jahres) 399 (nach) der kleinen Zählung. Ihre Seelen seien
eingebunden in das Bündel des Lebens mit den übrigen gerechten
Männern und Frauen, die im Garten Eden, Amen, Sela.

III Krone ihres Mannes: Frauengräber

In Altona liegen die Grabsteine von Eheleuten nicht, wie es auf vielen anderen jüdischen Friedhöfen der Fall ist, getrennt voneinander.
Die im Gegensatz zu den Inschriften ihrer Männer eher kurzen
Texte verweisen auf die traditionelle Rolle der Frau, die als *züchtig,
fromm, untadelig, würdig, rein, schön, teuer, aufrecht, angesehen,
stattlich, anmutsvoll, prachtvoll* und *tüchtig* gewürdigt wird. Die
Frau ist die *Zierde ihres Mannes* und ihr Tun ist *glanzvoll und prachtvoll*. Sie hat eine *offene Hand für die Armen*, ihr Name wird gepriesen
in den Toren der Stadt und *ihre Füße schritten zum geraden Weg.*
Vor allem aber ist sie Mutter und *Krone ihres Gatten*, auch wenn die
jüdische Frau häufig ihren Ehemann im Geschäft unterstützte und
einen Teil seiner Aufgaben übernahm, wenn er sich auf Reisen befand. Über neunzig Inschriften beklagen ihren jungen Tod als Wöch-
nerin und elf betrauern sie als Hebamme (diese Berufsbezeichnung
findet sich nur auf aschkenasischen Grabsteinen). Ein frühverstor-
benes Mädchen wird als *anmutige Gazelle* bezeichnet, jedoch nur
einmal als *Kind der Liebkosungen*, diese biblische Bezeichnung ist in
der Regel allein Knaben und Jünglingen vorbehalten. Auf weit über
100 Inschriften wird eine unverheiratete Frau als schöne und lieb-
liche *Jungfrau* oder als *Braut, lieblich und anmutsvoll* betrauert. Sie
ist *zart an Jahren, würdig, lauter, rein* und *teurer als Perlen*. Trotz

ABB. 126 UND 127 | *Grabstein für Zvija Rahel (l.), Ehefrau von Jakob Emden, und für Sara Harburger, gest. am 31. Juli 1712 (r.).*

aller Eulogien – der Grabstein einer Frau ist fast immer kleiner als der ihres Ehemannes und die Inschrift weniger elaboriert. Häufig preist die Epigraphie mehr das Leben ihres Mannes als ihr eigenes. Ein ungewöhnlich dekoratives Beispiel für die *carità*, die sorgende Mutter und fürsorgende Ehefrau, bieten die sefardischen Grabsteine für Ester Benveniste und Hana Castro Mendoza, die Frauen mit je zwei Wickelkindern an der Brust zeigen (Abb. 27 und 28).

Zvija Rahel, Ehefrau von Jakob Emden

Auch wenn Jakob Emden (S. 158-160) seine dritte Ehefrau Zvija Rachel in seinen Erinnerungen als rechtschaffen und bescheiden würdigt, schildert er sie gleichzeitig als zänkisch, da es mit ihr »kein Friede im Haus« gäbe. Sie überlebte ihren Mann um fast dreißig Jahre und ging keine weitere Ehe ein, was in der Inschrift lobend hervorgehoben wird (Abb. 126).

Das Grabmal der Rahel, Hier ruht sie, anmutiger, zierender Kranz war sie ihrer nächsten Familie, (auch) als sie verlassen und einsam war, streifte sie ihre Lauterkeit nicht von ihr, ihre Hand dem Armen ausgestreckt, und ihre Rechte Bedürftige zu stützen, der Garten Lilie gleicht sie, mit Rosen umflort, es ist die Rabbinersgattin, die Züchtige, die Weitbekannte, Zvija Rachel, Tochter des überragenden Gelehrten, unseres Lehrers und Meisters, Herrn Efraim, das Andenken des Gerechten zum Segen, und Gattin des überragenden Gelehrten, unseres Lehrers und Meisters, Herrn Jaabez, das Andenken des Gerechten zum Segen, entschwunden in der Nacht des 2. und begraben am 2. Tag, dem 20. Kislev 564 der kleinen Zählung. Ihre Seele sei eingebunden in das Bündel des Lebens.

Sara Harburger

GRABINSCHRIFT

Hier ist geborgen eine Frau, verständig und gepriesen, eine Krone war sie ihrem Gatten, all ihre Tage ging sie auf geradem Wege, züchtig war sie in ihre Taten, Frau Sara, Tochter des geehrten Eisek Halberstadt, Gattin des geehrten Izek Harburger, verschieden zur Abendzeit und begraben am 4. Tag, dem 28. Tamuz 472 (nach) der kleinen Zählung. Ihre Seele sei eingebunden in das Bündel des Lebens. (Abb. 127)

Tamar, Ehefrau von Raphael Cohen

Die Grabinschrift der Tamar, Ehefrau von Raphael Cohen, einem der letzten Oberrabbiner der Dreiergemeinde Altona – Hamburg – Wandsbek, würdigt ihre lange, 68 Jahre währende Ehe. Sie verstarb 1805, zwei Jahre nach ihrem Mann. Auch ihr Grabstein ist kleiner als der ihres Ehemanns (Abb. 83). Tamar und Raphael Cohen stammten beide aus dem heutigen Lettland.

GRABINSCHRIFT

Hier ist geborgen die Rabbinersgattin, die Wohltätige, Frau Tamar, das Andenken der Gerechten zum Segen, Witwe des überragend großen Gelehrten, des wahren Frommen, Leuchte (Israels), unseres Lehrers und Meisters, Herrn Rephael HaKohen, das Andenken des Gerechten zum Segen, Vorsitzender der Gerichtsbarkeit der drei heiligen Gemeinden Altona, Hamburg, Wandsbek, welche ihm in Heiligkeit 68 Jahre lang diente, und seine Hand stützte zu Toralehre und Zeugnis, gestorben »mit gutem Namen« am 6. Tag, dem 25. Ijar (des Jahres) 565. Ihre Seele sei eingebunden in das Bündel des Lebens.

Ester Shifra Warburg

Grabinschrift

Hier ist geborgen Ester Shifra eine Frau jung und gebärend, rechtschaffen und teuer, züchtig und fromm wie Ester es ist Frau Ester Shifra, Tochter des Vorstehers des geehrten Herrn Michel SeGaL Delbanco, Gattin des geehrten Simle, Sohn des Semuel Warburg verschieden und begraben (am) 1. Tag, dem 2. Nisan 532 nach der kleinen Zählung. Ihre Seele sei eingebunden in das Bündel des Lebens.

IV Kinder der Liebkosungen und des Schmerzes

Der Verlust eines Kindes wird auf den aschkenasischen Inschriften wortreich beweint: *Kind der Liebkosungen; den Brüsten entrissen; zart an Jahren; liebenswert; das ganz Wonne ist; anmutsvoll; zart; liebenswürdig; jung, doch weise; klein, doch vertraut mit der Tora; Kind des Schmerzes.* In den sefardischen Grabbüchern wird ein totgeborenes Kind *movito* genannt, ein jung verstorbenes Kind in den Inschriften fast immer nur *menino* (Junge) oder *menina* (Mädchen), nur in wenigen Fällen *seliges* oder *angenehmes Mädchen.* Das die Formel *Kind der Liebkosungen* fast immer nur auf männlichen Kindergräbern vorkommt, geht auf ein Bibelzitat (Jeremias 31, 19) zurück, in dem das hebräische Wort *yeled* das männliche Kind bezeichnet.

ABB. 128-131 | *Grabstein der zwei Mädchen (Duas Meninas) (l.o.):*
1678 starben zwei Kinder (meninas) des Semuel Hiskiau Esteves.
Da die Kinder keinen Vornamen besitzen, ist davon auszugehen,
dass sie kurz nach der Geburt gestorben sind. Die geschnittene
Rose symbolisiert den frühen Tod, ein »abgeschnittenes« Leben.
Grabsteine der Hava Knorr (r.o.), der Fradel Lea (l.u.) und der
Hendela Halberstadt (r.u.).

Für eine Grabpredigt bzw. für ein Epitaph eines Kindergrabes übersetzt der Hamburger Kantor und Notar Abraham Meldola das Gedicht »Alma minha gentil« des portugiesischen Nationaldichters Luís de Camões ins Hebräische.

Hava Knorr

Grabinschrift

Gazelle der Anmut, das gepriesene Kind, und an Jahren zarte, die Jungfrau. sie ging ... in ihrem 12. (Jahr) stieg hinauf ihre Seele, der Vater gab sie nicht es ist Hava, Tochter des Schimon Knorr, verschieden und begraben am 6. Tag, den 2. Sivan 460 nach der kleinen Zählung. Ihre Seele sei eingebunden in das Bündel des Lebens. (Abb. 129)

Lea Fradel

Grabinschrift

Hier ist geborgen das Kind der Liebkosungen ihrem Vater und ihrer Mutter, zart an Jahren und an Taten, die Tat des Ewigen? ... betete? An jedem Tag, Morgen- und Abendgebet, ... anmutige Gazelle, ... Fradel Lea, Tochter des geehrten Salman Sohn des Herrn Meir, verschieden und begraben am 1. Tag, dem 23. des ersten Adar 551 der kleinen Zählung. Ihre Seele sei eingebunden in das Bündel des Lebens. (Abb. 130)

Hendela Halberstadt

Grabinschrift

Hier ist begraben ein Kind, anmutsvoll und hervorragend, »die ganz Wonne ist«, an die sieben (Jahre alt) hinaufgestiegen, das Kind Hendela, Tochter des Vornehmen, des Vorstehers und Leiters, des Meisters, Herrn Löb Halberstadt, verschieden und begraben am 23. Shevat 468 der kleinen Zählung. Ihre Seele sei eingebunden in das Bündel des Lebens. (Abb. 131)

Grabinschriften geben uns nicht nur wichtige Informationen über Berufe oder Gemeindefunktionen, über Herkunft und Alter sowie Ansehen in der Gemeinde und der jüdischen Welt, sie sind auch in Stein gehauene Echos auf Gewalttaten. Die Inschriften berichten von Juden, die für ihr Bekenntnis von Einheit und Einzigkeit Gottes ihr Leben hingegeben haben. Auf dem Friedhof haben sich vier Grabsteine in situ oder auf historischen Fotos erhalten, ein sefardischer und drei aschkenasische.

Mose Ergas

Grabinschrift

(5397). Stimme des Blutes des unverheirateten jungen Mannes Mose. Sie schreit aus der Tiefe [1. Mose 4, 10]. Sie lässt sich vernehmen, sie zittert und sie wird nicht vorher Ruhe geben, bevor Gott zwischen ihm und seinen Mördern gerichtet hat. Er wurde in einem offenen Feld getötet durch die Christen [Goyim] am Roshodes Iyar, aus einer Bogenlänge Entfernung [vgl. 1. Mose 21, 16], im Jahr 5397). Der tugendsame, unverheiratete junge Mann Mose Ergas, Sohn des Abraham. Es schreit aus diesem Boden heraus bis zu dem Tag, an dem Gott zwischen ihm und seinem Mörder richtet. Er wurde am Sabbat, dem ersten Tag des Monats Iyar ermordet.

Abraham Metz

Grabinschrift

Hier ist begraben ein Märtyrer, an den Geboten des Ewigen erfreute er sich, nichts ahnend ging er »ins Wirtshaus«, »da erhob sich ein Bösewicht und erschlug ihn«, mordete ihn, vier Jahre lang war er verschwunden wie der Mond?, der König, der die Gräber der Toten öffnet (= Gott), offenbarte dies, denn (der Mörder) fuhr fort zu morden und tötete noch einen Juden, »der bitterlich schrie«, und da wurde er gefasst, und man sagte: »Komm herauf, Kahlkopf«, da drehte sich das Rad des Schicksals, und er wurde gerädert (und) gestreckt, und man verurteilte ihn und durchbohrte seinen Kopf. Es ist der Märtyrer, der

Meister, Herr Abraham, Sohn des Meisters, Herrn Shimshon Simle Metz aus Bonn, sein Andenken zum Segen, ermordet (am) 24. Tishri 444 und begraben am 22. Menahem 448 nach kleiner Zählung. Seine Seele sei eingebunden in das Bündel des Lebens. (Abb. 132)

ISAAK RENNER

GRABINSCHRIFT

Hier ist begraben der Märtyrer, weinet und klagt um den, der aufrecht wandelte, und ermordet wurde wie Avner, es ist der angesehene Junggeselle, der Märtyrer, der geehrte Izek, Sohn des Shimon Renner, erwählt und »zart an Jahren«, und er war etwa 18 Jahre alt, (am) 1. der Zwischenfeiertage von Sukkot 544, »da verschwand er spurlos«, denn er kam nichtsahnend in das Haus eines grausamen Nichtjuden, »da fassten sie den Anschlag gegen ihn, ihn zu töten«, und er wurde von einem Bösewicht ermordet, der zu den »vier (gerichtlichen) Todesarten« verurteilt wurde. Am 29. Tishri wurde sein Leichnam gefunden, »dunkler als schwarz«, »denn seine beiden Enden hatte das Feuer verzehrt und seine Mitte war verbrannt«, und am 3. Tag, dem 2. Marheshvan, wurde er begraben und betrauert, wie es sich gehört. Seine Seele sei eingebunden in das Bündel des Lebens. (Abb. 133)

Michael Studemund-Halévy | Gaby Zürn

Weitere Jüdische Friedhöfe in Hamburg, Wandsbek und Altona

Die Friedhöfe, die von den Gemeinden des Verbandes Altona–Hamburg–Wandsbek genutzt wurden, hatten einen unterschiedlichen Stellenwert. Der Altonaer Friedhof war der älteste, ihm folgten in der Chronologie, aber auch im sozialen Ansehen, der Friedhof in Ottensen als Begräbnisplatz und Gründungsvehikel der Hamburger Gemeinde und der Wandsbeker Friedhof. Am Anfang des 18. Jahrhunderts wurde während der Pest, als keine Toten aus Hamburg herausgebracht werden durften, den in Hamburg ansässigen Juden ein Gelände zur Beerdigung ihrer Toten innerhalb der Stadtmauern zur Verfügung gestellt – der spätere Grindelfriedhof. Der Hamburger Senat hatte sich im Fall des Grindelfriedhofes jedoch nie auf eine der religionsgesetzlichen Mindestanforderungen an einen Friedhof eingelassen, nämlich dass dieser sich im Besitz der dort begrabenden Gemeinde befand. Dieser Friedhof wurde daher von allen drei Gemeinden bis weit ins 19. Jahrhundert hinein als Begräbnisplatz für Abtrünnige, Dienstboten und für Fremde genutzt, die am unteren Ende der sozialen Ordnung standen und deshalb mit einem schlechteren Begräbnisplatz abgefunden werden konnten (z.B. auch uneheliche Kinder).

Der Friedhof an der Königstraße wurde dagegen als Gemeindefriedhof vor allem als Begräbnisplatz für berühmte Rabbiner und

zahlreiche einflussreiche und wichtige Familien des Dreigemeindeverbandes genutzt. Mit der Gemeindemitgliedschaft ging auch ein
Recht auf eine Beisetzung auf diesem Begräbnisplatz einher. Nicht
nur die in Altona lebenden Gemeindemitglieder hatten ein Anrecht, auf dem Begräbnisplatz begraben zu werden. Auch auswärts
lebende Gemeindemitglieder wurden nach ihrem Tod nach Altona
überführt und auf dem Gelände beigesetzt.

Friedhof am Durchschnitt (Grindelfriedhof)

Als infolge der kriegerischen Auseinandersetzungen zwischen
Dänemark und Schweden Hamburg die Grenzen gegenüber Dänemark sperrte und die Toten nun nicht mehr nach Altona überführt
werden konnten, stellten 1711 die Hamburger Behörden in der
Nähe der Sternschanze ein Land für zwei Jahre zur Verfügung. 1713
ließ der schwedische Graf Stenbock Altona einäschern, und im
gleichen Jahr brach in Hamburg die Pest aus, so dass ihrerseits die
Dänen die Grenzen nach Hamburg schlossen. Bis 1715 wurden auf
dem »Pestfriedhof« die Toten begraben, bis sich die Verhältnisse normalisierten und der alte Zustand wieder hergestellt wurde.
Der Friedhof diente von nun an als Begräbnisplatz für »fremde«
Juden, die nicht Gemeindemitglieder waren. Nachdem 1835 die
Beerdigung von Hamburger Juden auf dem »Hamburger Teil« des
Friedhofs Königstraße ebenso wie in Ottensen durch Verbot der dä-
nischen Behörden vorübergehend nicht mehr möglich war, wurde
der Grindelfriedhof die eigentliche Begräbnisstätte der Hamburger
Juden. Die Deutsch-Israelitische Gemeinde Hamburg und die Por-
tugiesisch-Jüdische Gemeinde Hamburg nutzen nach der Schlie-
ßung des Grindelfriedhofs ab 1883 den neuen Friedhof an der
Ilandkoppel in Ohlsdorf.

Literatur *Kortas, Sigrun, Der Grindelfriedhof – seine Bedeutung
für die Deutsch-Israelitische Gemeinde, Universität Hamburg,
Magisterarbeit, Hamburg 2001. **Studemund-Halévy**, Michael,
Die Inschriften des Portugiesenfriedhofs am Grindel, Hamburg 2003
(Amt für Denkmalschutz).*

Der neue Jüdische Friedhof an der Ilandkoppel nahm seit seiner Erstbelegung 1883 einige ältere, zwangsaufgelassene Friedhöfe auf, so zum Beispiel rund 400 Grabsteine vom 1937 aufgelösten Grindelfriedhof sowie eine Platte und eine eiserne Pforte vom Friedhof am Neuen Steinweg. Der Jüdische Friedhof Ohlsdorf besteht heute aus dem Neuen Jüdischen Friedhof, dem historischen Grindelfriedhof (aschkenasischer und sefardischer Teil), dem Ehrenfriedhof für die prominenten Mitglieder der Hamburger Gemeinden, dem Neuen Portugiesenfriedhof, dem historischen Friedhof Ottensen mit ca. 285 Steinen, einem Ehrenfriedhof für die im Ersten Weltkrieg gefallenen jüdischen Soldaten sowie einem Gedenkstein für die von den Nationalsozialisten ermordeten Hamburger Juden.

Literatur *Studemund-Halévy, Michael, Der Neue Portugiesenfriedhof in Hamburg-Ohlsdorf, Die Sefarden in Hamburg. Zur Geschichte einer Minderheit, Bd. 3, Hamburg 2010 (in Vorbereitung).* **Wagner,** *Anke, Der jüdische Friedhof in Ohlsdorf: Die Geschichte und die Grabmäler, Universität Hamburg, Magisterarbeit, Hamburg 1986.*

Friedhof am Neuen Steinweg

Nach der Besetzung Hamburgs durch die Franzosen (1806 – 1814) waren die Hamburger Juden gezwungen, ihre Toten innerhalb Hamburgs zu begraben, wie aus zwei Eintragungen aus dem Totenregister hervorgeht:

»5574. Begräbnis der seligen Witwe von David Abensur. Es verstarb die Witwe von David Abensur, welche im Hamburger Schulengang Alten Steinweg aus dem Grunde bestattet wurde, weil die hiesige Stadt als blockiert erklärt worden war; die deutschen Juden hatten uns erlaubt, sie auf deren oben erwähnten Friedhof zu bestatten, weil keine Möglichkeit vorlag, sie nach Altona zu schaffen [...] und dieses dient für die Familie, falls sie es wünschen sollte, die Grabstätte ihrer Vorfahren kennen zu lernen«.

»Am [...] verstarb das selige Fräulein Rachel Garcia, welche auf besagtem Friedhof wegen des selben Grundes der Blockierung der Stadt durch die Franzosen bestattet worden ist, und dient (Gegenwärtiges) ebenfalls zur Informierung der Familie, welche solches etwa zu wissen wünscht«.

Auf diesem Friedhof wurden von Januar bis Mai 1814 57 Tote beerdigt. Siebzehn Grabsteine waren bis in die Zeit des Zweiten Weltkrieges noch vorhanden.

Friedhof in Hamburg-Wandsbek

Unter den jüdischen Friedhöfen der »Drei Gemeinden« Altona–Hamburg–Wandsbek (AHU) zählt der fast 5.000 Quadratmeter große Friedhof an der Königsreihe mit seinen 1.006 Steinen zu den kleinsten jüdischen Friedhöfen im Hamburger Raum. Der älteste erhaltene Grabstein stammt aus dem Jahr 1675. Neben Mitgliedern der Wandsbeker Gemeinde fanden hier auch Mitglieder der Wandsbeker Gemeinde in Hamburg ihre letzte Ruhe. Mitte der 1880er Jahre verfügte die Regierung von Schleswig-Holstein die Schließung des nahezu vollständig belegten Friedhofs.

LITERATUR *Bamberger, Naftali Bar-Giora, Die jüdischen Friedhöfe in Wandsbek: Memor-Buch, Hamburg 1997.*

Friedhof Langenfelde

Der Friedhof am Försterweg geht auf die Weigerung der Stadt Hamburg zurück, den orthodoxen Mitgliedern ein Friedhofsgelände »auf Ewigkeit« zu verkaufen. Diese Minderheit kaufte im damals preussischen Langenfelde ein Stück Land auf ewige Zeiten und begrub dort ihre Toten.

LITERATUR *Heß, Oliver, Das Beth ha-chajjim – Haus des Lebens in Stellingen-Langenfelde. Ein jüdischer Friedhof im Spannungsverhältnis zwischen Reform und Orthodoxie innerhalb der jüdischen Gemeinde Hamburg 1867–1941, Universität Hamburg, Staatsexamensarbeit im Fach Geschichte, Hamburg 1995.*

Friedhof Bornkampsweg (Bahrenfeld)

Nach der Schliessung des Friedhofs Königstraße begruben die Altonaer Hochdeutsche Israelitengemeinde sowie die Altonaer Portugiesengemeinde ihre Toten auf dem ca. ein Hektar großen Friedhof.

LITERATUR *Studemund-Halévy, Michael, Portugiesengräber am Bornkampsweg, in: MaZe 1, 1994, S. 22-23.*

Friedhof Ottensen

Der zwischen 1939 und 1941 geräumte Friedhof an der Ottenser Hauptstraße und Großen Rainstraße gehört zu den ältesten jüdischen Friedhöfen im Hamburger Raum. Der Kauf des Friedhofgeländes in der dänischen Grafschaft Pinneberg führte zu einem heftigen Streit, in den neben der Altonaer Gemeinde und den Portugiesen auch die dänischen Behörden eingriffen. Der Friedhof mit seinen über 4.000 Grabsteinen wurde 1934 geschlossen. 175 wertvolle Grabsteine wurden vor 1941 nach Ohlsdorf verbracht, 100 weitere Grabsteine, die bereits 1897/98 wegen einer Straßenverbreiterung der Bismarckstraße in Kasematten gelegt worden waren, kamen 1953 nach Ohlsdorf. An der Großen Rainstraße befinden sich unter dem Bürgersteig noch heute zahlreiche Grabsteine.

LITERATUR *Lorenz, Ina / Berkemann, Jörg, Streitfall jüdischer Friedhof Ottensen 1663–1993, 2 Bde, Hamburg 1995. Lorenz, Ina, Rabbinische Konfliktlösung und politischer Konflikttransfer: Der Streit um den jüdischen Friedhof Ottensen in der Nachschau, in: Jahrbuch für Antisemitismusforschung, Bd. 10, 2001, S. 36-54.*

Friedhof Schwarzenbergstrasse (Harburg)

Dieser in Harburg gelegene Friedhof stammt aus dem Ende des 17. Jahrhunderts. Im Juli 1937 fand die letzte Bestattung auf dem gänzlich belegten Friedhof statt. Im August 1939 ordnete der Hamburger Reichsstatthalter Karl Kaufmann die Schließung des Friedhofs für Bestattungen an, Anfang 1943 wurde der Harburger Friedhof für 2.982 Reichmark an die Stadt Hamburg verkauft. Dies

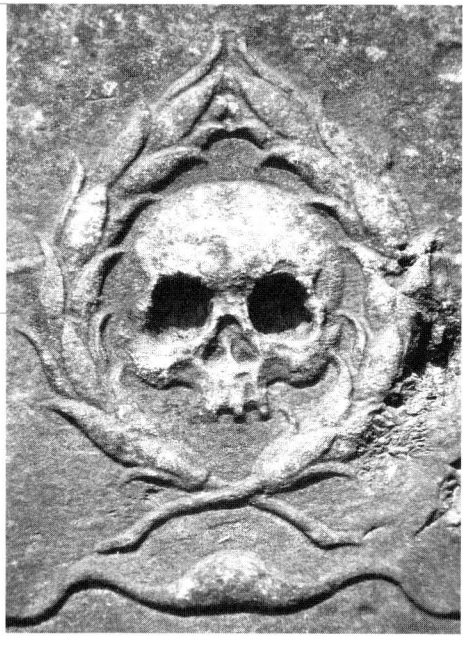

ABB. 134 | *Zahlreiche Grab-steine auf dem portugiesi-schen und aschkenasischen Teil des Jüdischen Friedhofs schmücken Totenköpfe, mit oder ohne gekreuzte Knochen (s. auch Abb. 1, 17 und 26).*

geschah im Rahmen der zwangsweisen Veräußerung zahlreicher Grundstücke und Gebäude, die sich im Besitz des Jüdischen Religionsverbandes Hamburg befanden. In den 1920er und späten 1930er Jahren und während des Zweiten Weltkrieges war es verschiedentlich zu Schändungen des Friedhofs gekommen. Die letzte größere Schändung fand 1998 statt, dabei wurden rund 40 Grabsteine umgestürzt und zerbrochen.

Auf dem Friedhof sind heute 239 Grabsteine vorhanden, einige wenige davon als Fragment. Die Steine stammen aus der Zeit von 1812 bzw. 1814 bis 1937. Durch die 1942 vorgenommene fotografische Erfassung des ältesten Grabmalbestandes sind fünf weitere Steine bekannt, die aber heute nicht mehr auffindbar sind.

Neben dem Eingang befindet sich eine Gedenktafel für die 1938 zerstörte Friedhofshalle sowie ein Ehrenmal für die im Ersten Weltkrieg umgekommenen Gemeindemitglieder.

LITERATUR **Kändler**, *Eberhard /* **Hüttenmeister***, Gil, Der jüdische Friedhof Harburg, Hamburg 2004.*

Michael Studemund-Halévy |

DAS EDUARD-DUCKESZ-HAUS

Seit November 2007 steht am Friedhof (Königstraße 10 a, früher Königstraße 169 bzw. 63) auf dem sefardischen Gelände, auf dem in den 60er Jahren des 19. Jh. der Steinhauermeister Samuel Holländer mit seiner Familie wohnte, ein nach dem Rabbiner Eduard Duckesz (1868 – 1944) benanntes Empfangs- und Informationsgebäude, das von der Stiftung Denkmalpflege betrieben wird. Das Haus verfügt über einen Seminarraum für Vorträge und Ausstellungen, eine Bibliothek und einen Arbeitsraum für Restauratoren. Informationen in deutscher, englischer, russischer, spanischer und portugiesischer Sprache sind dort erhältlich. Das Duckesz-Haus veröffentlicht in unregelmäßiger Folge die Schriftenreihe »Archiv aus Stein«, die über neue Forschungen zum Friedhof berichtet.

Das von der Hermann Reemtsma Stiftung eingerichtete Eduard-Duckesz-Fellow-Programm verantwortet in Zusammenarbeit mit dem Institut für die Geschichte der deutschen Juden wissenschaftliche Projekte sowie Aufbau und Erschließung der Eduard-Duckesz-Bibliothek.

ÖFFNUNGSZEITEN

Der Friedhof ist außerhalb der Führungen wie folgt geöffnet:
Oktober – März: Di, Do und So von 14 – 17 Uhr
April – September: Di und Do 15 – 18 Uhr , So 14 – 17 Uhr
INFO: Telefon 040 / 300 35 984 → www.eduard-duckesz-haus.de
→ www.stiftungdenkmalpflegehamburg.de

ABB. 135 |

Das 2007 errichtete Eduard-Duckesz-Haus auf dem Gelände des Friedhofs Königstraße.

Betreut von der Stiftung Denkmalpflege finden regelmäßig Führungen statt. Öffentliche Führungen: So 12 Uhr (außer an jüdischen und gesetzlichen Feiertagen), zu bestimmten Terminen Themenführungen.

INFO: siehe oben

Führungen für Gruppen auf Anfrage (auch in russischer, englischer, portugiesischer italienischer und französischer Sprache)

INFO: Telefon 040 / 42 81 310

→ www.museumsdienst-hamburg.de

EDUARD-DUCKESZ-BIBLIOTHEK

Die umfangreiche Referenzbibliothek besteht aus über 1.000 Büchern und Zeitschriften, darunter neben Nachschlagwerken, Biografien und religiöser Literatur (Talmud, Tora, Mahzorim, Sidurim etc.) vor allem Bücher zur jüdischen Geschichte Hamburgs, zur deutsch-jüdischen und sefardischen Geschichte, zur jüdischen Genealogie, Kunst und Epigraphie sowie zu jüdischen Friedhöfen in Deutschland, Holland, Dänemark, Italien, England, Frankreich und der Neuen Welt. Die Bibliothek steht allen Interessierten So, Di und Do während der Öffnungszeiten zur Verfügung

INFO: Telefon 040 / 300 35 984 oder Mail: eduarddduckesz@googlemail.com

→ www.eduard-duckesz-haus.de

ABB. 136 UND 137 | *Eduard Duckesz, Porträt von Otto Quirin, links auf dem Friedhof Königstraße um 1920.*

RABBINER EDUARD DUCKESZ

Der am 3.8.1868 in Szelepscény (Ungarn) geborene Rabbiner, Historiker und Genealoge Eduard Duckesz (Enoch Isidor Duckesz) wurde nach dem Studium an der Preßburger Yeshiva 1891 Rabbiner an der Altonaer Klaus (Kleine Papagoyenstr. 5), später amtierte er als Beisitzer des Rabbinatsgerichts der Hochdeutschen-Israelitengemeinde sowie als Mohel (Beschneider), Krankenhausseelsorger, Garnisonsgeistlicher und Oberrabbinatsverweser für Schleswig-Holstein. Neben Jacob Cohen war er Klausner an der (sefardischen) Abraham-Sumbel-Klaus in Altona und Lehrer im Jugend-Lern-Verein Jessaufei Tauroh. Neben seiner Tätigkeit als Rabbiner und Lehrer machte er sich vor allem um die Erforschung jüdischer Grabinschriften und die Genealogie jüdischer Familien der Dreigemeinde AHU (Altona–Hamburg–Wandsbek) verdient. 1939 emigrierte er nach Holland. 1943 Deportation aus dem Internierungslager Westerbork nach Auschwitz, wo er am 6.3.1944 ermordet wurde. Zu seinen Hauptwerken zählen die Bücher und biographischen Studien Iwoh leMoschav (Krakau 1903), Chachme AHU (Hamburg 1908) und Zur Geschichte und Genealogie der ersten Familien der Hochdeutschen Israeliten-Gemeinden in Hamburg (Hamburg 1915).

Aber, F. M., Epitaphs: Testimonies of Jewish Living, in: Judaism 6, 1957, S. 311-318

Ben-Ur, Aviva, Remnant Stones, Cincinnati 2009

Breitfeld, Oliver et al., 400 Jahre Jüdischer Friedhof Königstraße. Archiv aus Stein 1, Hamburg 2007

Brocke, Michael / **Müller**, Christiane E., Haus des Lebens. Jüdische Friedhöfe in Deutschland, Leipzig 2001

Brocke, Michael / **Carlebach**, Julius s.A., Biographisches Handbuch der Rabbiner, 4 Bde., München / Berlin 2005–2009

Brocke, Michael (Hg.), Verborgene Pracht. Der jüdische Friedhof Hamburg-Altona – Aschkenasische Gräber, Dresden 2009

Brown, Kenneth / Reyes Bertzolín **Cebrián**, Spanish, Portuguese, and Neo-Latin Poetry Written and / or Published by Seventeenth-, Eighteenth-, and Nineteenth-Century Sephardim from Hamburg and Frankfurt, in: Sefarad 61, 1, 2001, S. 3-56

Cassuto, Alfonso, Der Portugiesisch-Jüdische Friedhof Königstraße, MS, Staatsarchiv Hamburg

Cassuto, Isaac, Friedhofsandachten nach sephardischem Ritus, Hamburg 1918 (Nachdruck in: Michael Studemund-Halévy (Hg.), Die Sefarden in Hamburg. Zur Geschichte einer Minderheit, Hamburg 1994)

Cohen, Shaye J. D., Epigraphical Rabbis, in: Jewish Quarterly Review 72, 1981–1982, S. 1-17

Cohn-Wiener, Ernst, Die Jüdische Kunst. Ihre Geschichte von den Anfängen bis zur Gegenwart, Berlin 1929 (Nachdruck Frankfurt am Main 1996)

Dobrinsky, Herbert C., A Treasury of Sephardic Laws and Customs, New York 1986

Duckesz, Eduard, Iwoh Lemoschaw enthaltend Biografien und Grabstein-Inschriften der Rabbiner der drei Gemeinden Altona, Hamburg, Wandsbek, Krakau 1903

Duckesz, Eduard, Zur Geschichte und Genealogie der ersten Familien der hoch-deutschen Israeliten-Gemeinden in Hamburg-Altona, Hamburg 1915

Emmanuel, Isaac, Death of the Righteous, in: idem, Precious Stones of the Jews of Curaçao, 1656–1957, New York 1957

Faust, Jürgen / **Studemund-Halévy**, Michael, Betahaim. Sefardische Gräber in Schleswig-Holstein, Glückstadt 1997

Freimark, Peter, Jüdische Friedhöfe im Hamburger Raum, in: Zeitschrift des Vereins für Hamburgische Geschichte 67, 1981, S. 117-132

Goldberg, Sylvie-Anne, Les deux rives du Yabbok. La maladie et la mort dans le judaisme ashkénaze, Paris 1989

Graupe, Heinz Mosche, Die Statuten der drei Gemeinden Altona, Hamburg und Wandsbek, 2 Bde, Hamburg 1973

Grunwald, Max, Portugiesengräber auf deutscher Erde, Hamburg 1902

Hayoun, Maurice-Ruben, Jacob Emden,
in: Andreas B. Kilcher / Otfried Fraisse (Hg.), Lexikon der jüdischen Philosophie, Stuttgart 2003, S. 168-170

Heinrich, Gerda, Akkulturation und Reform. Die Debatte um die frühe Beerdigung der Juden zwischen 1785 und 1800, in: Zeitschrift für Religions- und Geistesgeschichte 50, 1998, S. 137-155

Horst, P. W. van der, Ancient Jewish Epitaphs, Kampen 1991

Jakstein, W., Die jüdischen Grabsteine Altonas innerhalb der deutsch-jüdischen Grabsteinkunst, in: Amtsblatt der Stadt Altona (ASA) 37, 1930

Kellenbenz, Hermann, Sephardim an der unteren Elbe, Wiesbaden 1958

Kiesel, O. E., Die alten hamburgischen Friedhöfe, Hamburg 1921

Klée Gobert, Renata, Die Bau- und Kunstdenkmale der Freien und Hansestadt Hamburg, Bd. 2: Altona – Elbvororte, Hamburg 1970

Kopitzsch, Franklin / **Brietzke**, Dirk (Hg.), Hamburgische Biografie. Personenlexikon, Bd. 1-5, Hamburg 2001 – 2010

Kraemer, David, The Meaning of Death in Rabbinic Judaism, London 2000

Krochmalnik, Daniel, Scheintod und Emanzipation, in: Trumah 6, 1997, S. 107-149

Krohn, Helga, Die Juden in Hamburg, 1848 – 1918, Hamburg 1974

Künzl, Hannelore, Zur künstlerischen Gestaltung des portugiesisch-jüdischen Friedhofs in Hamburg-Altona, in: Studien zur jüdischen Geschichte und Soziologie. Festschrift Julius Carlebach, Heidelberg 1992, S. 165-174

Künzl, Hannelore, Jüdische Grabkunst von der Antike bis heute, Darmstadt 1999

Lesser, Katrin, Jüdische Friedhöfe Altona. Gutachten, Berlin 2009 [MS]

Lorenz, Ina, Die Juden in Hamburg zur Zeit der Weimarer Republik, 2 Bde, Hamburg 1987

Marwedel, Günter, Die Privilegien der Juden in Altona, Hamburg 1976.

Orden de Bendiciones, y las ocaziones en que se deven dezir, Amsterdam 5447 / 1687

Revah, Israel S., Uriel Costa et sa famille: études sur les Marranes de Porto et sur les premiers Juifs d'Amsterdam, Paris 2004

Rudawsky, T. M., Time Matters. Time, Creation, and Cosmology in Medieval Jewish Philosophy, New York 2000

Sola Pool, David de, Book of Prayer According to the Custom of the Spanish and Portuguese Jews, New York 1960

Sommer, Bert, Planquadrate und Ba-rytpapier. Wie das Bet Chajim in Hamburg-Altona dokumentiert wird, in: Kalonymos IV, 4, 2001, S. 20-21

Stein, Irmgard, Jüdische Baudenkmäler in Hamburg, Hamburg 1984

Studemund-Halévy, Michael, Bibliographie zur Geschichte der Juden in Hamburg, München / New York 1994

Studemund-Halévy, Michael (Hg.), Die Sefarden in Hamburg. Zur Geschichte einer Minderheit, 2 Bde, Hamburg 1994 – 1997

Studemund-Halévy, Michael, Panorâmica da epigrafia tumular luso-judaica em Hamburgo, in: Actas do 4. Congresso da Associação Internacional de Lusitanistas, Lisboa 1995, S. 1081-1092

Studemund-Halévy, Michael, Panorama de l'épigraphie funéraire judéo-portugaise à Hambourg, in: Esther Benbassa (Hg.), Mémoires juives d'Espagne et du Portugal, Paris 1996, S. 105-125

Studemund-Halévy, Michael, Spanisch-portugiesische Grabinschriften in Norddeutschland: Glückstadt und Emden, in: Aschkenas 7, 2, 1997, S. 389-439

Studemund-Halévy, Michael, Pedra e Livro. Arte sepulcral Sefardita em Hamburgo – Contribuição para um estudo, in: I Colóquio Internacional O Património Judaico Português, Lisboa 8 a 11 de Janeiro 1996, Lisboa 1999, S. 251-273

Studemund-Halévy, Michael, Biographisches Lexikon der Hamburger Sefarden, Hamburg 2000.

Studemund-Halévy, Michael, Die Hamburger Portugiesen zur Zeit der Glikl, in: Monika Richarz (Hg.), Glikl Hameln, Hamburg 2001, S. 195-222

Studemund-Halévy, Michael, Jacob Cohen Belinfante e o seu livro dos Minhagim de Hamburgo: Estranha Odisseia de um livro, in: Henry Méchoulan / Gérard Nahon (Hg.), Mémorial I.-S. Révah. Études sur le marranisme, l'hétérodoxie juive et Spinoza, Paris-Louvain 2001, S. 445-469

Studemund-Halévy, Michael, Von Palästen, Kutschen und Afrikanern, in: Lusorama 50, 2002, S. 85-113

Studemund-Halévy, Michael, Es residiren in Hamburg Minister fremder Mächte – Sefardische Residenten in Hamburg, in: Rotraud Ries / J. Friedrich Battenberg (Hg.), Hofjuden – Ökonomie und Interkulturalität. Die jüdische Wirtschaftselite im 18. Jahrhundert, Hamburg 2002, S. 154-176

Studemund-Halévy, Michael, Codices Gentium. Semuel de Isaac Abas, coleccionista de libros hamburgués, in: Jaime Contreras et al. (Hg.), Familia, Religión y Negocio. El sefardismo en las relaciones entre el mundo ibérico y los Países Bajos en la Edad Moderna, Madrid 2003, S. 287-319

Studemund-Halévy, Michael, Hamburgo torna-se judeu e português, in: Estudos Orientais 8 (2003), S. 185-197

Studemund-Halévy, Michael, Baruch de Castro, Rodrigo de Castro, Binjamin Mussaphia, Jacob Rosales, Semuel Abas, Alvaro Dinis, David Cohen de Lara, Moses Abudiente, Abraham Meldola, Abraham Senior Teixeira, Isaac Senior Teixeira, Isaac Jessurun, Joseph Piza, Eduard Dukkesz, in: Hamburgische Biografie 1-5, Hamburg 2002 – 2010

Studemund-Halévy, Michael, Jonathan Eybeschütz, in: Andreas B. Kilcher / Otfried Fraisse (Hg.), Lexikon der jüdischen Philosophie, Stuttgart 2003, S. 165-168

Studemund-Halévy, Michael / **Ayala**, Amor, Regreso con Retractación, in: Foro Hispánico, Amsterdam 2004

Studemund-Halévy, Michael / **Silva**, Neves, Sandra, Tortured Memories. Jacob Rosales alias Imanuel Bocarro Francês. A Life from the Files of the Inquisition, in: Stephan Wendehorst (Hg.), The Roman Inquisition, Leiden 2004

Studemund-Halévy, Michael / **Poettering**, Jorun, Étrangers Universels. Les réseaux séfarades à Hambourg, Francisco Bethencourt (Hg.), La Diaspora des nouveaux chrétiens d'origine portugaise, Paris 2004

Studemund-Halévy, Michael, La mort de Sara et la source de Miriam, in: Materia Giudaica 11, 2, 2005, S. 353-363

Studemund-Halévy, Michael, Persistence of Images: Reproductive Success in the History of Sephardi Sepulchral Art, in: Yosef Kaplan (Hg.), Dutch Jewry in Modern Jewish History, Leiden / Boston 2008, S. 125-149

Studemund-Halévy, Michael et al., Die Mendelssohns in Hamburg. Archiv aus Stein 2, Hamburg 2009

Studemund-Halévy, Michael, Theatrum Sefardicum. Repräsentative Bilder und elaborierte Epitaphien, in: Michael Brocke (Hg.), Verborgene Pracht, Dresden 2009, S. 143-152

Studemund-Halévy, Michael, Ecos ibéricos na cultura e literatura sefarditas de Hamburgo, in: Cadernos de Estudos Sefarditas 9, 2009

Studemund-Halévy, Michael, Grenzenlos und globalisiert. Sefardische Grabkunst in der Alten und in der Neuen Welt, in: Claudia Theune / Tina Walzer (Hg.), Jüdische Friedhöfe. Kultstätte, Erinnerungsort, Denkmal, Wien 2010

Studemund-Halévy, Michael, Im jüdischen Hamburg. Ein Stadtführer, Hamburg 2010 [im Druck]

Tollet, Daniel (Hg.), La mort et ses représentations dans le judaïsme, Paris 2000

Vries, S. Ph. de, Jüdische Riten und Symbole, Wiesbaden 1982

Walzer, Tina et al., Orte der Erinnerung. Wien-Währing – Hamburg-Altona, Archiv aus Stein 3, Hamburg 2010

Weinstein, Rochelle, Women of Valor in commemorative Imagery, in: Proceedings of the Eighth World Congress of Jewish Studies, Division D, Jerusalem 1982

Weinstein, Rochelle, The Storied Stones of Altona. Biblical Imagery on Sefardic Tombstones at the Jewish Cemetery of Altona – Königstraße, Hamburg, in: Michael Studemund-Halévy (Hg.), Die Sefarden in Hamburg. Zur Geschichte einer Minderheit, Teil 2, Hamburg 1997, S. 551-660

Weinstein, Rochelle, Women's Work. Their Role in the Preservation of the Altona Königstrasse Cemetery. The Notebooks amd Photographic Registration of Ollita Schwartz and Anna Vinzelberg, in: Brämer, A. et al. (Hg.), Aus den Quellen. Festschrift Ina S. Lorenz, Hamburg 2005, S. 158-166

Weyl, Robert, L'influence des milieux, catholique et luthérien, sur l'art funéraire des Juifs en Alsace de la fin du XVIème siècle au XIXème siècle, in: Tollet, Daniel (Hg.), La mort et ses représentations dans le judaïsme, Paris 2000, S. 273-294

Wilke, Carsten L. (Bearb.), Biographisches Handbuch der Rabbiner, 2 Bde., Teil 1, München 2004 (Raphael Cohen; Jacob Ettlinger; Zvi Hirsch Zamoscz; Noah Haium-Hirsch Meir Berlin)

Wilke, Carsten L., Rekonstruktion der ältesten Ehrenreihe. Topographie eines europäisch-jüdischen Gedächtnisortes, in: Brocke, M. (Hg.), Verborgene Pracht, Dresden 2009, S. 54-61

Wilke, Carsten L., *Die Zeder im Zelt. Rabbinische Gelehrsamkeit und Gerichtsbarkeit im Spiegel der Grabinschriften, in: Brocke, M. (Hg.), Verborgene Pracht, Dresden 2009, S. 254-286*

Zürn, Gaby, *Die fotografische Dokumentation von Grabinschriften auf dem Jüdischen Friedhof Königstraße / Altona (1942 – 1944) und ihr historischer Kontext, in: Peter Freimark et al. (Hg.), Juden in Deutschland, Hamburg 1991, S. 116-129*

Zürn, Gaby / **Marwedel**, Günter, *Das Friedhofs- und Grabinschriftenprojekt des Instituts für die Geschichte der deutschen Juden (Hamburg), in: Aschkenas 3, 1993, S. 274-281*

Zürn, Gaby, *Der Friedhof der Portugiesisch-Jüdischen Gemeinden in Altona (1611 – 1902), in: Michael Studemund-Halévy (Hg.), Die Sefarden in Hamburg. Zur Geschichte einer Minderheit. Teil 1, Hamburg 1994, S. 103-124*

Zürn, Gaby, *The Jewish Burial System and the Cemetery Königstraße / Altona during the Period of Enlightenment, in: Jewish Studies in a New Europe, Kopenhagen, 1998, S. 906-912*

Zürn, Gaby, *Tod und Judentum in der Zeit der Aufklärung am Beispiel des jüdischen Begräbniswesens in Altona, in: Anne Conrad / Arno Herzig / Franklin Kopitzsch (Hg.), Das Volk im Visier der Aufklärung, Hamburg 1998, S. 215-227*

Zürn, Gaby, *Die Altonaer Jüdische Gemeinde (1611 – 1873). Ritus und soziale Institutionen des Todes im Wandel, Hamburg 2001*

Personenregister

In welchen *Planquadraten* sich die Gräber befinden, wird **schwarz** (Sefarden / vordere Umschlagklappe) bzw. grau (Aschkenasen / beigelegter Faltplan) gekennzeichnet.